职业教育殡葬相关专业系列教材

BINZANG FAGUI YU ZHENGCE
殡葬法规与政策

黄汉卿　吕良武　主编

何振锋　主审

化学工业出版社

·北京·

内容简介

《殡葬法规与政策》共九章，分为三部分：第一部分为第一章和第二章，立足现有法律体系，介绍殡葬法律法规的起源、发展和基本知识，并解读与殡葬活动相关的法律概念及内容，使读者初步形成法律思维；第二部分为第三章至第七章，以殡葬活动流程为线索，系统阐述各环节需遵守的法规与政策，有利于殡葬从业者在实操中提高法治意识；第三部分为第八章和第九章，结合殡葬活动场所和用品的使用情况，叙述有关殡葬设备设施及丧葬用品的法规、政策与标准。

本书适应职业院校现代殡葬技术与管理专业、殡葬设备维护技术专业、陵园服务与管理专业、殡葬服务与管理专业等相关专业方向的教学需要，同时也可以提高广大殡葬从业人员的法律知识水平和运用法律手段分析解决问题的能力。

本书既可供学校师生教学使用，也可供行业相关工作者查阅和参考。

图书在版编目（CIP）数据

殡葬法规与政策/黄汉卿，吕良武主编．—北京：化学工业出版社，2023.6（2024.12重印）
职业教育殡葬相关专业系列教材
ISBN 978-7-122-43193-6

Ⅰ.①殡… Ⅱ.①黄… ②吕… Ⅲ.①葬礼-服务业-法律-中国-职业教育-教材 Ⅳ.①D922.182.1

中国国家版本馆CIP数据核字（2023）第053819号

责任编辑：吴江玲　章梦婕　刘　哲　　　　　　　　文字编辑：谢晓馨　陈小滔
责任校对：李雨晴　　　　　　　　　　　　　　　　装帧设计：王晓宇

出版发行：化学工业出版社（北京市东城区青年湖南街13号　邮政编码100011）
印　　装：北京天宇星印刷厂
787mm×1092mm　1/16　印张10¼　字数164千字　2024年12月北京第1版第2次印刷

购书咨询：010-64518888　　　　　　　　售后服务：010-64518899
网　　址：http://www.cip.com.cn
凡购买本书，如有缺损质量问题，本社销售中心负责调换。

定　　价：42.00元　　　　　　　　　　　　　　　　　　　　　　版权所有　违者必究

职业教育殡葬相关专业系列教材
编撰委员会

主　　任　　邹文开

副 主 任　　何振锋　孙树仁　孙智勇　马　荣　卢　军　张丽丽

委　　员　　（按照姓名汉语拼音顺序排列）

毕爱胜　樊晓红　郭海燕　何秀琴　何振锋　胡　玲
黄汉卿　姜　笑　林福同　刘　凯　刘　琳　卢　军
吕良武　马　荣　牛伟静　亓　娜　沈宏格　孙树仁
孙智勇　王　静　王立军　魏　童　邬亦波　肖成龙
徐　莉　徐晓玲　余　廷　翟媛媛　张丽丽　赵志国
郑佳鑫　郑翔宇　钟　俊　周卫华　周晓光　朱文英
朱小红　邹文开

职业教育殡葬相关专业系列教材
审定委员会

主　　任　赵红岗
副 主 任　何振锋　孙树仁　肖成龙　孙智勇　朱金龙
委　　员　（按照姓名汉语拼音顺序排列）
　　　　　曹丽娟　何仁富　何振锋　刘　哲　齐晨晖　孙树仁
　　　　　孙智勇　王　刚　王宏阶　王艳华　肖成龙　杨宝祥
　　　　　杨德慧　杨根来　赵红岗　朱金龙

《殡葬法规与政策》编审人员

主　　编　黄汉卿　吕良武
副 主 编　徐晓玲　何秀琴
编写人员　（按照姓名汉语拼音顺序排列）
　　　　　何秀琴（武汉民政职业学院）
　　　　　黄汉卿（福建省民政学校）
　　　　　李　曼（秦皇岛海涛万福集团有限公司）
　　　　　林福同（福建省民政学校）
　　　　　刘运生（石家庄市殡葬协会）
　　　　　吕良武（福建省厦门市殡仪馆）
　　　　　齐鹏飞（武汉民政职业学院）
　　　　　孙智勇（秦皇岛海涛万福集团有限公司）
　　　　　王　刚（上海龙华殡仪馆）
　　　　　徐晓玲（北京社会管理职业学院）
　　　　　张丽丽（北京社会管理职业学院）
主　　审　何振锋（北京社会管理职业学院）

序 一

殡葬服务是基本民生保障工程。随着经济社会的快速发展，人民对美好生活的需求日益提升，对殡葬服务水平和质量提出了更高的要求。让逝者安息，给生者慰藉，为服务对象提供人文化、个性化服务亟须提上议事日程。当前，我国每年死亡人口上千万。截至2021年底，全国共有殡葬服务机构4373个，殡葬服务机构职工8.7万人。殡葬从业人员的数量和素质势必影响殡葬服务的水平和质量。人民群众对殡葬服务日益高质量、多样化、个性化的需求，给殡葬从业人员提出了更高的要求和期待。

党的十九大报告指出，"完善职业教育和培训体系，深化产教融合、校企合作"，为新时代职业教育发展明确了思路。2019年1月，国务院印发了《国家职业教育改革实施方案》，把职业教育摆在教育改革创新和经济社会发展全局来进行谋划，开启了职业教育改革发展的新征程，提出了深化职业教育改革的路线图、时间表、任务书。方案中尤其提出"建设一大批校企'双元'合作开发的国家规划教材，倡导使用新型活页式、工作手册式教材并配套开发信息化资源"，更为殡葬相关专业系列教材编写工作指明了方向。党的二十大报告指出，"统筹职业教育、高等教育、继续教育协同创新，推进职普融通、产教融合、科教融汇，优化职业教育类型定位"。

从殡葬教育发展现状来看，我国现代殡葬教育从无到有，走过了二十多年的发展历程。全国现有近十所院校开设现代殡葬技术与管理及相关专业，累计为殡葬行业培养了近万名专业人才，在殡葬服务水平提升和殡葬服务事业发展方面起到了关键作用。殡葬教育取得成绩的同时，也存在诸多问题。如全国设置殡葬相关专业的院校，每年毕业的学生仅千余名；又如尚未有一套专门面向职业院校学生的教材，不能满足新时代殡葬事业发展的需要，严重制约了殡葬教育的发展和殡葬相关专业人才的培养。

在这样的背景下，北京社会管理职业学院生命文化学院、现代殡葬技术与管理专业教学指导委员会启动了系列教材编写工作，旨在服务于全国各职业院校殡葬相关专业的教学需要和行业从业人员的培训需求。教材编写集结了院校教师、行业技能大师、一线技术能手以及全国近四十家殡葬企事业单位。多元力量的参与，有效保障了系列教材在理论夯实的同时案例丰富、场景真实，使得教材更加贴近生产实践，具有更强的生命力。将系列教材分为三批次出版，有效保障了出版时间的同时深耕细作、与时俱进，使得教材更加紧跟时代发展，具有更强的发展性。本套教材是现代殡葬教育创办以来首套专门为职业院校学生和一线从业人员编写的校企一体化教材。它的编写回应了行业发展的需要以及国家对职业教育发展的定位，满足了职业教育殡葬相关专业的实践需求，必将有效提升殡葬人才的专业素质、服务技能以及学历水平，对更新和规范适应发展的专业教学内容、完善和构建科学创新的专业教学体系、提高教育教学质量、深化教育教学改革起到强有力的促进作用，也将推动殡葬行业的发展，更好地服务民生。

在这里要向为系列教材编写贡献力量的组织者和参与者表示敬意和感谢。感谢秦皇岛海涛万福集团有限公司、石家庄古中山陵园、天津老美华鞋业服饰有限责任公司等几家单位，积极承担社会责任，资助教材出版。

希望本系列教材能够真正成为殡葬职业教育的一把利器，推进殡葬职业导向的教育向更专业、更优质发展，为培养更多理论扎实、技艺精湛的一线高素质技术技能人才做出积极贡献，促进殡葬教育和殡葬行业健康快速发展。

全国民政职业教育教学指导委员会副主任委员
北京社会管理职业学院党委书记
邹文开

序 二

  生死是宇宙间所有生命体的自然规律。殡葬作为人类特有的文明形式，既蕴含着人文关怀、伦理思想，又依托于先进技术与现代手段。我国的现代殡葬技术与管理专业自20世纪90年代创立，历经20多年的发展，已培养上万名殡葬专业人才，大大推进了我国殡葬事业的文明健康发展。然而，面对每年死亡人口上千万、治丧亲属上亿人的现实，全国殡葬相关专业每年的培养规模仅千余名，殡葬相关专业人才供给侧与需求侧结构性矛盾突出。要解决这一矛盾，就必须不断提升人才培养的能力，切实加强推进殡葬相关专业建设。

  格林伍德在《专业的属性》一书中指出，专业应该具有的特征包括"有一套系统的理论体系；具有专业权威性；从业者有高度认同的价值观；被社会广泛认可；职业内部有伦理守则"。这样看来，殡葬教育要在职业教育层面成为一个专业，教材这个"空白"必须填补。目前，我国尚没有一套专门面向职业院校的殡葬相关专业教材。在教学实践中，有的科目开设了课程但没有教材，有的科目有教材但内容陈旧，严重与实践相脱离。目前主要应用的基本是自编讲义，大都沿用理论课教材编写体系，缺少行业环境和前沿案例，不能适应实际教学需要。

  加强教材建设、厘清理论体系、提升学历层次、密切产教融合，真正做实做强殡葬职业教育，培养更多更优秀的殡葬相关专业人才，以此来回应殡葬行业专业化、生态化优质发展的需要，以此来回应百姓对高质量、个性化、人文化殡葬服务的需求，这是教育工作者义不容辞的使命。"建设知识型、技能型、创新型劳动者大军""大规模开展职业技能培训，注重解决结构性就业矛盾"，党的十九大报告为职业教育发展指明方向。"职业教育与普通教育是两种不同教育类型，具有同等重要地位""建设一大批校企'双元'合作开发的国家规划教材"，《国家职业教育改革实施方案》为职业教育发展圈出重点。党的二十大报告指出，"统筹职业教育、高等教育、继续教育协同创新，推进职普融通、产教融合、科教融汇，优化职业教育类型定位"。

  "殡葬"不仅要成为专业，而且殡葬相关专业是关系百姓

"生死大事"、关系国家文明发展的专业。我们要通过殡葬人才培养，传递保障民生的力量；要通过殡葬人才培养，传播生态文明的观念；要通过殡葬人才培养，弘扬传统文化的精神。而这些作用的发挥，应当扎扎实实地落实在教材的每一章每一节里，应当有的放矢地体现在教材的每一字每一句中。就是带着这样的使命与责任，就是怀着这样的情结与期待，现代殡葬技术与管理专业教学指导委员会启动了"职业教育现代殡葬技术与管理专业系列教材"的编写工作，计划分三批次出版面向职业院校学生和一线从业人员的殡葬相关专业系列教材。教材编写集结了殡葬专业教师和来自一线的行业大师、技术能手，应用了视频、动画等多媒体技术，实行了以高校教师为第一主编、行业专家为第二主编的双主编制。2018年4月，在北京社会管理职业学院召开第一次系列教材编写研讨会议；2018年7月，在黑龙江省民政职业技术学校召开第二次系列教材编写研讨会议；2018年10月，在北京社会管理职业学院召开第一次系列教材审定会议；2019年4月，在北京社会管理职业学院召开第二次系列教材审定会议；2019年12月，在北京社会管理职业学院召开第三次系列教材审定会议；2022年3月10日，由于疫情影响，以线上会议的方式召开系列教材推进研讨会，明确了教材最终出版的时间要求。踩住时间节点，强势推进工作，加强沟通协调，统一思想认识。我们在编写力量、技术、过程上尽可能地提高标准，旨在开发出一套理论水平高、实践环境真实、技能指导性强，"教师乐教、学生乐学、人人皆学、处处能学、时时可学"的教学与培训用书。殡葬相关专业系列教材编写一方面要符合殡葬职业特点、蕴含现代产业理念、顺应新时代需求、传承优秀传统文化，从而优化专业布局和层次结构；另一方面应体现"政治性""文化性""先进性"和"可读性"的原则，全面推进素质教育，弘扬社会主义核心价值观，培养德、智、体、美、劳全面发展的社会主义事业建设者和接班人。

希望此次系列教材的推出能够切实为职业教育殡葬相关专业师生及行业一线从业人员的学习研究、指导实践提供支持，为提高教育教学质量、规范教学内容提供抓手，为锻炼师资队伍、推动教育教学改革做出贡献，为发展产业市场、提升服务水平贡献人才。

在此特别感谢秦皇岛海涛万福集团有限公司、石家庄古中山陵园、天津老美华鞋业服饰有限责任公司三家单位，它们都是行业中的佼佼者。它们在积极自我建设、服务社会的同时，以战略的眼光、赤子的情怀关注和支持殡葬教育，为此次系列教材编写与出版提供资金支持。感谢化学工业出版社积极参与教材审定，推动出版工作，给予我们巨大的支持。

现代殡葬技术与管理专业教学指导委员会常务副主任委员
北京社会管理职业学院生命文化学院院长
何振锋

前言

殡葬关系社会民生，关系百姓切身利益，是一项重要民事活动，因此应符合公序良俗原则且遵循法律法规。殡葬程序繁杂，主要包括遗体收殓、防腐整容、礼仪告别、火化处理、骨灰安葬及丧葬用品销售等。在现行法律体系中，除《殡葬管理条例》外，殡葬环节还与《中华人民共和国民法典》《中华人民共和国环境保护法》等法律法规有所关联。对殡葬从业者而言，如何在法律法规中厘清关于殡葬业务的繁杂体系和诸多概念，以及如何从法律法规中寻求解决方法成为亟须解决的问题。因此，希望本书能使殡葬从业者领会法律精神、理解法律概念、梳理解决方法，为殡葬从业者依法依规开展殡葬服务提供具有价值的参考意见。

本书编写者以殡葬工作规范讲解为出发点，结合丰富的殡葬工作实践经验，通过鲜活翔实的案例，剖析殡葬业法律要点，从多角度阐释殡葬工作思路。此外，编写者着眼于广大殡葬从业者的工作需求，全书体系设计新颖，设置了"章前导读""学习目标""案例分析""思考与练习"等栏目，配备了相关法规、政策、标准、案情分析等二维码资源，对殡葬从业者开展殡葬工作具有很好的指导和参照作用。

本书主要有以下特色。一是具有职业性。本书着眼于提高殡葬工作者的法律理论水平和工作能力，结合殡葬工作实际，深入浅出地讲解了殡葬法律知识的基本原理及工作方法。二是具有针对性。编写者针对新时代殡葬工作面临的新情况，深刻阐述了中国政府关于殡葬工作的一系列方针政策，有的放矢地解答了殡葬工作者的各种疑问。三是具有可操作性。本书不但讲解了殡葬业务的一些原则性要求，而且着重在实务操作上提出了具体、明确的要求，使殡葬工作有章可循、有规可依。

本书由黄汉卿、吕良武主编，何振锋主审。具体编写分工为：第一章由徐晓玲编写，第二章由何秀琴、齐鹏飞编写，第三章由黄汉卿编写，第四章由林福同编写，第五章由王刚编写，第六章、第九章由孙智勇、李曼、吕良武编写，第七章、第八章由刘运生、张丽丽编写。

  我国的殡葬法规与政策涉及多个法律部门，受编者理论水平和知识结构所限，书中不足之处敬请专家提出宝贵意见，以待进一步完善。

编者
2023 年 1 月

目录

第一部分

第一章 殡葬法律法规基础知识 ········· 003
  第一节 殡葬法律法规概述 ········· 004
    一、殡葬法律法规的概念和种类 ········· 004
    二、殡葬法律法规的功能 ········· 006
    三、殡葬法律法规的特征 ········· 007
  第二节 殡葬法律法规的起源与发展 ········· 008
    一、殡葬法律法规的起源 ········· 008
    二、殡葬活动及殡葬法规的发展历程 ········· 010
  第三节 殡葬标准体系建设 ········· 013
    一、标准和标准化的含义 ········· 013
    二、标准的分级分类 ········· 014
    三、殡葬标准 ········· 016

第二章 殡葬相关法律制度 ········· 021
  第一节 殡葬与《中华人民共和国民法典》 ········· 022
    一、民事主体 ········· 022
    二、民事权利 ········· 025
    三、民事法律行为 ········· 026
    四、合同基本知识 ········· 027
    五、法律责任及承担方式 ········· 032
  第二节 殡葬与《中华人民共和国消费者权益保护法》 ········· 036
    一、消费者的基本权利 ········· 036
    二、损害消费者权益的民事责任 ········· 037
    三、解决消费者权益争议的途径 ········· 039
  第三节 殡葬服务合同及殡葬纠纷处理 ········· 041

一、殡葬服务合同 ·· 041
　　二、殡葬活动纠纷及处理原则 ··· 042

第二部分

第三章　临终、殡期服务法规与政策 ·· 049
第一节　生前契约 ·· 050
　　一、生前契约的含义 ·· 050
　　二、生前契约的特征 ·· 050
　　三、生前契约的内容 ·· 051
　　四、生前契约的订立、变更与解除 ·· 053
第二节　遗体与遗体处理 ·· 054
　　一、遗体的性质 ·· 054
　　二、遗体的处理权 ··· 055
　　三、《民法典》继承的相关规定 ·· 056
　　四、遗体捐献 ··· 057
第三节　死亡相关法规与政策 ··· 058
　　一、正常死亡的处理规定 ··· 059
　　二、非正常死亡的处理规定 ·· 060
　　三、几种特殊情况的处理规定 ·· 060
第四节　殡期丧事活动法规与政策 ·· 062
　　一、丧事承办人 ·· 063
　　二、殡葬代理服务 ··· 063
　　三、丧事活动管理 ··· 064
　　四、殡期丧事活动的法律责任 ·· 065

第四章　遗体收殓、接运法规与政策 ·· 068
第一节　遗体收殓法规与政策 ··· 069
　　一、遗体收殓的原则要求 ··· 069
　　二、遗体收殓的技术处理要求 ·· 069
　　三、重大突发事件遇难人员遗体收殓 ·· 072
　　四、涉外遗体的装殓规定及操作要求 ·· 072
第二节　遗体接运法规与政策 ··· 074

    一、遗体接运的基本要求 ··· 074

    二、办理遗体接运手续的相关规定 ································· 076

    三、有关遗体接运过程的法规与政策 ······························ 076

第五章　防腐整容法规与政策 ·· 090

第一节　遗体服务法规与政策 ·· 091

    一、殡葬机构与从业人员资质条件 ·································· 091

    二、遗体防腐整容服务的对象 ·· 092

    三、遗体防腐整容服务的内容 ·· 094

    四、遗体防腐整容服务过程中的法律风险管控 ··················· 095

第二节　防腐整容业务纠纷处理 ·· 097

    一、防腐整容业务纠纷的种类 ·· 097

    二、防腐整容业务纠纷多发的原因 ·································· 099

    三、防腐整容业务纠纷的处理原则 ·································· 099

第三节　技术人员应具备的法律意识和能力 ······················ 101

    一、工作事故的识别 ·· 101

    二、发生事故的应急处理 ·· 102

第六章　遗体火化法规与政策 ·· 105

第一节　正常死亡遗体火化法规与政策 ······························ 106

    一、正常死亡的定义 ·· 106

    二、正常死亡遗体火化规定 ··· 106

第二节　非正常死亡遗体火化法规与政策 ··························· 107

    一、非正常死亡遗体的定义 ··· 107

    二、非正常死亡遗体火化规定 ·· 108

    三、重大突发事件遇难人员遗体处置相关规定 ··················· 108

    四、非正常死亡遗体火化所需证件 ·································· 109

第三节　传染病死亡遗体火化法规与政策 ··························· 109

    一、传染病死亡遗体火化规定 ·· 110

    二、传染病死亡遗体处置方法 ·· 111

第四节　遗体火化涉及的环境保护 ···································· 112

    一、殡葬火化改革与环境保护 ·· 112

    二、遗体火化相关的环境保护法规与政策 ························· 112

三、遗体火化相关的环境保护标准 ·· 113

第七章 安葬、祭扫及墓地服务法规与政策 ·································· 115

第一节 骨灰相关的法规与政策 ·· 116
一、骨灰的性质和所有权 ·· 116
二、骨灰运输的法律规定 ·· 117
三、骨灰寄存的相关规定 ·· 117

第二节 安葬法规与政策 ··· 118
一、安葬权 ··· 118
二、安葬方式 ·· 119
三、公墓安葬服务标准 ··· 120
四、其他安葬服务法规与政策 ··· 120

第三节 祭扫法规与政策 ··· 122
一、祭奠、祭祀及祭奠权 ·· 122
二、祭扫方式 ·· 123

第四节 墓地服务法规与政策 ··· 123
一、墓地服务的定义 ··· 123
二、墓地服务的状况 ··· 123
三、墓地服务的部颁标准 ·· 124

第三部分

第八章 殡葬设施建设法规与政策 ·· 129

第一节 殡葬设施法规与政策概述 ·· 130
一、殡葬设施的概念、范围和分类 ··· 130
二、殡葬设施的规划管理 ·· 130
三、殡葬设施建设相关政策文件 ·· 131
四、殡葬设施建设与环境保护 ··· 132
五、殡葬设施建设的法律责任 ··· 133

第二节 殡仪馆建设法规与政策 ·· 133
一、殡仪馆建筑设计和建设的基本原则 ······································ 134
二、殡仪馆的分类及专用设备、用品配置 ·································· 135
三、土葬殡仪馆建设相关规定 ··· 136

第三节　公墓设施建设法规与政策 …………………………………………… 136
　　　一、公墓概述 ………………………………………………………………… 136
　　　二、公墓建设相关法规、政策与标准 ……………………………………… 137

第九章　殡葬设备、用品生产法规与政策 ……………………………………… 142
　　第一节　殡葬设备、用品概述 ………………………………………………… 143
　　　一、殡葬设备、用品的概念和范围 ………………………………………… 143
　　　二、殡葬设备、用品生产与环境保护 ……………………………………… 143
　　第二节　殡葬设备、用品法规与政策 ………………………………………… 145
　　　一、《中华人民共和国产品质量法》相关规定 …………………………… 145
　　　二、《殡葬管理条例》相关规定 …………………………………………… 146
　　　三、殡葬设备、用品生产行业的基本要求 ………………………………… 146
　　　四、殡葬设备、用品生产的法律责任 ……………………………………… 148
　　第三节　殡葬设备、用品相关标准 …………………………………………… 148
　　　一、殡葬设备相关标准 ……………………………………………………… 148
　　　二、殡葬用品相关标准 ……………………………………………………… 149

参考文献 …………………………………………………………………………… 152

第一部分

- 第一章 殡葬法律法规基础知识
- 第二章 殡葬相关法律制度

第一章
殡葬法律法规基础知识

章前导读

随着我国殡葬事业的不断发展,殡葬法律法规经历了一个渐进的发展过程。本章主要介绍殡葬法律法规的基础知识,包括概述、历史沿革,以及殡葬标准体系建设的主要内容等。

学习目标

知识目标

① 掌握殡葬法律法规的概念、种类及功能。
② 掌握我国殡葬法律法规的关系和历史沿革。
③ 了解我国现行的主要殡葬法律法规的名称、颁布时间、实施时间和具体规定。
④ 了解我国殡葬标准体系建设的基本内容。

能力目标

① 能够运用法治思维分析、解决殡葬服务和殡葬管理过程中的各种问题。
② 能够按照殡葬标准开展殡葬服务和殡葬管理工作。

素养目标

① 树立殡葬法治观念,提高殡葬法律素养。
② 注重殡葬法治思维,强化殡葬道德伦理意识。

第一节　殡葬法律法规概述

殡葬业是关乎民生福祉的特殊行业，仅靠道德规范、社会自治已不能对殡葬社会关系进行有效调整。在现代法治社会中，殡葬社会关系应当作为基本的、重要的社会关系，通过法律法规进行调整。殡葬服务和殡葬管理必须有法可依、有法必依、执法必严，殡葬从业人员必须遵循法律法规，用规范化、标准化的服务与管理促进殡葬行业持续健康发展。这对规范、引导公民的殡葬行为和为遗体、骨灰等提供有效的法律保护具有重要的现实意义。建立科学有效的殡葬制度，是维护好、实现好、发展好人民群众基本权益的根本途径。

一、殡葬法律法规的概念和种类

（一）殡葬法律法规的概念

国家对殡葬事务的管理，除了设立专门的管理机构，专用于殡葬行政管理和殡葬服务以外，还制定了相应的法律法规和政策来规范人们的殡葬活动和行为，明确哪些殡葬事务应该办，哪些不应该办，应该怎么办或者可以怎么办。

殡葬管理是指由殡葬管理机构依据殡葬管理法规，结合我国或本地区具体情况，根据国家经济发展和社会进步的总体规划，对殡葬改革工作和人民群众的丧葬行为实施行政和行为规范管理。殡葬管理法规是指由国家行政机关依据《中华人民共和国宪法》（以下简称《宪法》）精神，结合我国或本地区具体情况，根据国家经济发展和社会进步的总体规划，对殡葬改革工作和人民群众的丧葬行为实施行政和行为规范管理的总和。其调整对象是国家行政机关在殡葬管理活动中所发生的社会关系。

我国殡葬法律法规是对殡葬改革工作和人民群众的丧葬行为实施管理的法律规范的总和。具体而言，殡葬法律法规所调控的内容有殡葬管理机构的法律地位、逝者遗体的处理方式、方法，丧户的权利和义务，办理丧事禁止的事项，以及违反殡葬管理法规应承担的法律责任等。凡是国家权力机关、国务院及其有关部门、地方国家权力机关、地方人民政府及其主管部门制定、颁布的有关殡葬方面的法律、法令、行政法规、地方性法规、地方政策规章，以及具有法律性质的决议、指示、通知、意见等，均属于殡葬法律法规的范畴。

（二）殡葬法律法规的种类

我国的殡葬法律法规主要包括以下六个层次。

一是《宪法》和《中华人民共和国民法典》（以下简称《民法典》），它们是殡葬法律法规的上位法。《宪法》是国家的根本大法，由全国人民代表大会制定，具有最高法律效力。《民法典》是中华人民共和国第一部以法典命名的法律，在法律体系中居于基础性地位，也是市场经济的基本法，分为总则、物权、合同、人格权、婚姻家庭、继承、侵权责任以及附则。通篇贯穿以人民为中心的发展思想，着眼于满足人民对美好生活的需要，对公民的人身权、财产权、人格权等作出明确翔实的规定，并规定侵权责任，明确权利受到削弱、减损、侵害时的请求权和救济权等，体现了对人民权利的充分保障，被誉为"新时代人民权利的宣言书"。《宪法》和《民法典》规定的内容适用于殡葬管理和殡葬活动。

二是由国务院制定的《殡葬管理条例》，它属于行政法规性质。除此之外，我国的政策往往是法律的先导，在实践中发挥着类似于国家法律的规范作用，如《国务院批转民政部关于进一步加强殡葬改革工作的报告的通知》。这一层次的法规在全国范围内具有效力，是殡葬方面的部门规章和地方性法规的依据。目前我国还没有出台有关殡葬的法律。

三是由民政部和相关部委制定发布的有关殡葬工作的部门规章，如民政部颁布的《公墓管理暂行办法》（民事发〔1992〕24号），民政部、公安部、交通运输部、卫生计生委联合颁布的《重大突发事件遇难人员遗体处置工作规程》（民发〔2017〕38号）。民政部作为殡葬事务和殡葬服务的主管部门，负责全国的殡葬管理工作，依据宪法拥有制定部门规章的权力。这些部门规章在效力上弱于国务院颁布的《殡葬管理条例》，但只要不违背宪法和《殡葬管理条例》的精神，同样可以在全国范围内生效。

四是由省级地方人民代表大会（以下简称"人大"）及其常务委员会（以下简称"常委会"）通过的地方性法规和省级政府颁发的命令。前者如各省（区、市）人大颁布的殡葬管理条例；后者如各省（区、市）的殡葬管理办法及规定，《河北省殡葬管理办法》就是以"河北省人民政府令"的形式发布的。我国是单一制国家，这些地方性法规一方面必须与中央的法律法规和文件精神保持一致，从而保证国家法制的统一；另一方面还要把全国层面的殡葬法律法规进一步细化，因地制宜，使殡葬法律法规与当地的实际情况相适应，使之具有更强的操作性。

五是与殡葬工作相关的法律法规，包括全国人大常委会和国务院颁布的法律法规。全国人大常委会颁布的法律法规主要包括《中华人民共和国传染病防治法》《中华人民共和国环境保护法》《中华人民共和国水污染防治法》《中华人民共和国大气污染防治法》《中华人民共和国固体废物环境污染防治法》《中华人民共和国消费者权益保护法》《中华人民共和国道路交通安全法》等，国务院颁布的法律法规主要有《中华人民共和国传染病防治法实施办法》《中华人民共和国土地管理法实施条例》《中华人民共和国水污染防治法实施细则》《中华人民共和国大气污染防治法实施细则》等。此外，还有国务院组成部门颁布的法律法规，如《消毒管理办法》。由于殡葬活动通常会涉及环境污染、耕地保护、疾病防疫等问题，因此殡葬活动实际上也受到这些相关法律的制约。

六是殡葬标准。标准是法律法规的基础、延伸和补充。目前，殡葬领域的国家标准12项、建设标准2项、国家职业技能标准4项、相关标准14项、行业标准41项，这些标准对殡葬事业的发展起到了较好的规范和引导作用。

殡葬领域的
行业标准

二、殡葬法律法规的功能

殡葬法律法规的功能是指国家制定的殡葬法律法规对社会产生的影响和作用，主要包括两个方面，即法律的规范功能和社会功能。殡葬法律法规的规范功能是从法律规范调整人们的行为这一角度来分析法律的功能，其社会功能是从法律的本质和目的这一角度来分析的。

（一）殡葬法律法规的规范功能

一是引导功能，指法律对人们行为的一种指导和引领的作用。由于殡葬法规的制定，人们对葬式（火葬、土葬、海葬等）的选择、对丧事程序的把握就有规可循、有法可依。

二是教育功能，指法律对人们今后行为起到积极影响的一种作用。例如，中国古代社会注重通过操办丧事来传达和强化"孝道"，如重视家庭团结、尊敬祖先、维护家长尊严等；而现代的殡葬法律法规则侧重于向人们传达"文明""环保""节俭""卫生"等新观念。

三是评价功能,指法律作为一种人们行为的评价标准或者尺度的作用。在中国古代社会,儒家伦理要求人们"事死如事生",往往要求厚葬长辈,而社会也就是根据这些来评价个人的孝顺程度与品行。

四是预测功能,指法律对人们将要做出的行为能够进行预料和估计。由于殡葬法律法规为人们的殡葬活动设定了基本的框架,因此增加了人们行为的确定性,有助于社会的稳定有序。

五是强制功能,指法律具有制裁和惩罚违法犯罪行为的作用。对于那些触犯法律规定的人,国家要对其加以惩戒,如封建王朝对那些逾越礼制的人,现代国家对不法分子都有相应的惩罚措施。

(二)殡葬法律法规的社会功能

殡葬法律法规具有维护治理的功能,这是社会功能的核心。如中国古代传统社会通过丧制来强化人们对封建等级制度和皇权的认同,维护和巩固统治集团的特权。

在现代社会,自然人死亡既会引起法律关系的产生,又会引起法律关系的变更和消灭。同时,会引起民事权利能力消灭、夫妻关系解除、劳动关系终止、案件审理终止等法律关系,而且意味着遗产继承的开始,债权债务由继承人享有、承担等。殡葬法律规范的是人的行为,而人的行为决定社会关系。殡葬法律之所以要规范这些行为,目的也在于调整其所影响的社会(法律)关系。

殡葬法律法规执行社会公共事务的功能,是指法律对关系整个社会的不分阶级、阶层的公共事务的管理,如国家对殡仪馆等殡葬设施和场所的管理是公共性的。

三、殡葬法律法规的特征

法律特征是相较于其他主体而言的,相较于思想意识、政治实体,法律作为一种社会规范有其规范性和概括性。就社会规范而言,法律区别于其他社会规范的基本特征是法律具有国家意志性,由国家制定或认可;以权利、义务、权力、职责为主要内容;具有国家强制性,由国家强制力保证实施。我国殡葬法律法规具有以下特征。

第一，体系化。我国目前规范殡葬管理行为的行政法规仅有一部，即《殡葬管理条例》，是为加强殡葬管理、推进殡葬改革、促进社会主义精神文明建设而制定的。民政部、财政部、国家发展和改革委员会等部委先后发布多个指导性文件，各省（市、区）也依据《殡葬管理条例》相应制定了符合本地方实际情况的地方性法规和规章，地级、县级和乡镇也相应地对殡葬法律法规进行完善和补充，基本上建立起一套从中央到地方配套的殡葬执法体系，使殡葬执法实现有法可依，为执法的顺利进行提供了保障。

第二，原则性。我国的《殡葬管理条例》内容体现以原则为主。由于我国面积广大、幅员辽阔，加之民族众多，不同的民族和地区有不同的安葬传统，如火葬、土葬、水葬、天葬和树葬等，安葬形式很难"一刀切"，也不能"一刀切"。因此，主要是以国务院制定的《殡葬管理条例》为纲领，各省、自治区、直辖市根据本区域的不同情况制定殡葬管理条例、殡葬管理办法。

第三，行政化。我国的殡葬法规很多都采用指导意见的形式，属于行政指导行为，该行为不具有强制执行力，不直接产生法律后果。殡葬管理依据政策文件，以行政手段为主，行政逻辑明显。

第二节　殡葬法律法规的起源与发展

法律作为一定的社会历史现象，是在一定条件下产生和发展的。殡葬法律法规及其早期形态——丧制，都源于社会物质生活关系。

一、殡葬法律法规的起源

殡葬法律法规脱胎于原始社会的殡葬礼俗。当人类的生产力发展到一定的水平时，人类的思维能力有了提高，社会组织的结构也就有了原始规范的迹象，殡葬礼俗便萌生了。殡葬礼俗一开始是基于自然选择规律而形成的习惯规范，继而基于道德规范，同时还具有原始宗教和祖先崇拜的色彩。当私有制出现并形成个体家庭之后，人类进入了阶级社会，产生了国家和法律，统治者把殡葬礼俗纳入了法律规范，使殡葬礼俗成为一种由法律规范所调整的社会关系。法律的很大一部分"渊源"是社会规范，许多法律规则是对社会规范的承认和认可。中国古代的殡葬法律法规在很大程度上就是由殡葬礼俗演化而来的。

我国的殡葬礼俗在旧石器时代的晚期已经出现，北京周口店山顶洞人遗址中发掘出以二次合葬为形式的公共墓地，表明了氏族成员一视同仁的血亲关系和平等的地位。夏商周时期，丧葬礼仪已向系统化、程序化的方向发展。到战国时期，中国古代的丧葬礼仪已基本完备，如儒家最为重视的"三年之丧"已有一整套的仪式。秦汉时期的丧葬礼仪大体上继承了春秋战国时期的丧葬礼仪制度，而且趋于隆重化。此后历代的殡葬礼俗没有重大的变化，只是在前朝的基础上趋于复杂化，程序越来越烦琐。这期间，一个根本的演变是殡葬礼俗越来越趋于"法制化"，即国家政权的力量逐渐介入丧葬过程当中，礼俗与法律逐渐合流，以国家的强制力为后盾。历代朝廷还制定了相应的法律，根据封建等级对丧葬礼仪规格和程序加以限定。

道德化法律是中国传统殡葬道德与法律关系的主要特征。道德化法律是指一个社会系统在规范选择中以道德为本位，将道德规范纳入法律中的现象。中国传统殡葬道德与法律的关系正集中体现了"法律因为道德的要求而存在"这一特征。中国传统殡葬道德"丧贵哀敬"就体现在一个"孝"字上。在中国整个封建社会历史中，孝道是最重要的伦理思想和道德规范，先秦时期关于"孝"的道德规范的主要内容，就是奉养父母和礼祭祖先。随着孝道观念在中国封建社会中被不断强化，"孝"作为道德规范，不仅在伦理思想上具有重要意义，而且还被引入中国封建社会的刑治法典，成为封建社会刑律的重要内容之一。

作为传统殡葬道德表现形式的殡葬习俗，在古代礼法中得以充分体现。例如，服丧期间守孝者必须身穿特制的丧服，日常生活和社会活动应遵守一定的规范，不得放任逾礼，以表示对亡亲的哀悼之情。

中国传统法律是一种伦理化即道德化的法律，传统殡葬道德作为道德规范的一部分内容，在法律中得以充分体现。殡葬道德的内容决定了有关殡葬礼仪的法律的内容。在古代，甚至还有为固守一种殡葬习俗而改法定令的情况。晋武帝时，依"既葬还职"的秦汉旧制，大臣不能居家守孝。由于郑默"自陈恳至"，多次上书请求，武帝许其终丧，朝廷因此重新修订了大臣服丧的制度。从此以后，官吏居丧服孝，成为封建社会的定制。对于守制在家的官员，朝廷常常派使者前往慰问，赠赐钱米等物。明洪武十七年（1384年）朱元璋诏令吏部：凡官员丁忧，已在职五年且为政清廉者，居丧期间朝廷依照名位官阶给一半俸禄；在职三年者，给三月全禄。这进一步说明了中国传统的法律是一种伦理化的法律。

中国传统殡葬道德与法律的关系，虽然在特定的社会制度下有其合理、合适的一面，但从法律史观点来看，它最终以法律的强制性限制了道德的自由性。道德化是中国传统法律的必然归宿。然而，从人类法律完善的立场出发，道德化的传统殡葬法律会对自身产生不利后果，法律的自我独立发展受到了致命的限制，使之最终成为道德体系的附庸。殡葬道德化不仅使传统丧法律、葬法律成为实现殡葬道德的工具，也损害了道德自身。

二、殡葬活动及殡葬法规的发展历程

即便在古代社会，殡葬活动也不是置身于法律之外的，只不过古代社会的"法"不同于现代法律体系，而是一种"礼法"，法律和伦理纲常结合在一起。古代的丧葬礼仪自产生之日起便具有等级制的色彩。特别是进入封建社会以后，"死"的名称（天子死曰崩，诸侯曰薨，大夫曰卒，士人曰禄，庶人曰死）、陪葬品的多寡、棺木的材料和尺寸、仪仗的规模，乃至坟墓的大小、高低，儒家和历代统治者在丧制中都依逝者身份等级的贵贱作了严格的规定。历史学和考古学的研究表明，丧制（亦即早期形态的殡葬法规）是随着私有制和阶级的产生而逐渐形成和发展起来的。

等级界限在历代丧制和礼制中都十分鲜明。几千年来，丧制和礼制使社会成员始终处在一个上下有等、尊卑有序、贵贱有别的等级体系中，形成了一个等级鲜明的身份社会。为了保证丧葬礼制的实施，历代统治者首先用法律条文来加以保护，从而使丧葬礼制具有周密而严峻的形态。礼制的等级规定在法律上的原则是上可兼下，下不得僭上，对违反丧制的人则视情节轻重处以不同的刑罚。如唐律和宋律均规定："诸营造舍宅、车服、器物及坟茔、石兽之属，于令有违者，杖一百。虽会赦，皆令改去之；坟则不改。"当时的"司法解释"为："坟茔者，一品方九十步，坟高一丈八尺。石兽者，三品以上，六；五品以上，四。此等之类，具在令文。若有违者，各杖一百。虽会赦，皆令除去，唯坟不改。称'之属'者，碑、碣等是。若有犯，并同此坐。其物可卖者，听卖。若经赦后百日，不改去及不卖者，论如律。"为了严防丧仪逾礼，历代统治者往往将责任放在承办丧事的行事人、工匠等贫苦百姓身上。如丧户违反丧葬制度，则承办丧事的行事人、工匠难逃罪责。此外，历代统治者还要求大小官员做导民正俗的表率，对有失纠察的官员加以处罚。清代甚至还专门设立违礼纠察队，查禁违礼行为；责成地方官推行礼制，要求"居官以正俗为要务"；对士庶治丧遵礼之人加以劝奖。

从而使礼制既有朝廷的总纲总则，又有地方的细纲细则，上下结合，形成了严密的礼制网络。

防僭越、辨等威的丧葬礼仪规定和以礼制抑止消费的社会规范，经常在同私人财产的冲突中遭到破坏。在私有制社会里，消费水平的高低与个人财产相对应，个人财产的增多必然会提高相应的消费水平。中国古代的礼制却是以政治身份为依据的，用国家立法的手段，强制不同身份者遵循统治者的意志过不同等级的生活。当人们的财产增长到一定程度的时候，货币就会成为消费者赖以突破礼制的有力工具，使得越礼逾制的事情发生，令统治者的禁令有时成为空文。

辛亥革命成功以后，中国两千多年的封建君主专制制度宣告结束，等级色彩浓厚的丧制也随之废除。中华民国政府试图通过法律来对殡葬活动加以规范，但半殖民地半封建的社会性质决定了民国时期的丧葬方式仍是沿袭传统的做法。

中华人民共和国成立后，国家对殡葬工作的管理主要是在积极倡导的前提下以行政管理为主的方式进行，把推行殡葬改革、建立健全殡葬工作的政策法规体系作为加强殡葬管理的重要手段，并做了大量的工作。1956年4月27日，在北京中南海召开的一次会议上，毛泽东提议"所有的人身后都进行火化，不留遗体，并且不建坟墓"，并带头在"自愿死后遗体火化"的倡议书上签名，多位中央领导人和高级干部亦赞成此提议，揭开了中国大规模以火葬为主要内容的殡葬改革的序幕。1956年党和国家领导人倡导实行火葬后，采取积极稳妥、循序渐进、先党内后党外、从城市到农村的方式来不断推行火葬。由于推行火葬，提倡新的治丧方式，殡仪馆、火葬场、公墓和骨灰安置处等机构和设施纷纷出现，因此有必要制定法律法规来管理和规范这些机构的活动。1965年7月22日，内务部发布《关于殡葬改革工作的意见》，在全国范围内推行火葬，确立了以殡葬改革为核心的殡葬管理和殡葬服务框架。

20世纪60年代中期，随着火葬运动的开展，各地纷纷兴建火葬场。1965年颁布的《关于殡葬改革工作的意见》（以下简称《意见》）阐述了我国新时期的殡葬改革，提出了大力推行火葬、坚持改革土葬、不断改革旧的殡葬习俗、把殡葬事业统一起来四项重点工作。上述《意见》的发布标志着我国火葬的开始，也是我国殡葬改革的起点。《意见》中不仅提到了葬式的改革，也提到了殡葬领域移风易俗的重要性。"火葬"和"从简"成为新时期殡葬改革的重要内容。20世纪60年代到70年代，原有的公墓一度被破除，火葬场和骨灰寄存室仍为人们提供节俭的殡葬服务。据《民政统计历史资料汇编》统计，1979年我国分别有火葬场1608个，殡葬从业人员17753人，殡葬专用车辆2132辆，年火化尸体102万具。

20世纪80年代，多数火葬场承担了殡仪火葬综合服务的业务并更名为殡仪馆。改革开放后，党和政府加大了殡葬改革力度，并在殡葬事业单位承包经营和殡仪馆等级建设方面出台了很多政策，推动了全国殡仪馆的建设和发展。许多殡仪馆通过迁建、改建和扩建，极大地改善了硬件设施。大、中城市殡仪馆开设了遗体接运、遗体告别、遗体冷藏、遗体火化等服务，提供骨灰盒、花圈等殡葬用品，服务水平逐步提高。

在这种背景下，我国制定了全国性的行政法规（如国务院《殡葬管理条例》）、部门规章（如民政部《公墓管理暂行办法》）和地方性法规（如各省人大通过的殡葬管理条例）等多个层次的政策规定。

目前，我国关于殡葬管理的法律文件主要是由国务院授权、民政部起草的行政法规，即《殡葬管理条例》，于1997年7月11日经国务院第60次常务会议通过，1997年7月21日中华人民共和国国务院令第225号发布。2012年11月9日，国务院628号令发布《国务院关于修改和废止部分行政法规的决定》，对《殡葬管理条例》的第二十条进行了修订，修订本从2013年1月1日起施行。

现行殡葬管理主要政策法规

与《殡葬管理条例》配套的规章和规范性文件有《公墓管理暂行办法》《关于尸体运输管理的若干规定》《尸体出入境和尸体处理的管理规定》等。2012年12月5日，民政部发布《民政部关于全面推行惠民殡葬政策的指导意见》（民发〔2012〕211号）。2013年12月10日，中共中央办公厅、国务院办公厅发布实施了《关于党员干部带头推动殡葬改革的意见》，为进一步深化改革注入强大动力。2014年3月27日，第四次全国殡葬工作会议确定了我国现阶段殡葬工作的总体目标和主要任务，提出了深化殡葬改革的整体部署。2016年2月19日，民政部、发展改革委、科技部、财政部、国土资源部、环境保护部、住房城乡建设部、农业部、国家林业局等九部门联合印发了《关于推行节地生态安葬的指导意见》。2018年1月10日，民政部会同中央文明办、发展改革委等十六部门联合印发《关于进一步推动殡葬改革促进殡葬事业发展的指导意见》，对进一步增强殡葬改革动力、激发殡葬事业发展活力、更好满足人民群众殡葬服务需求、促进殡葬事业健康有序发展，起到积极推动作用。

我国殡葬法律法规体系基本形成。以国务院《殡葬管理条例》和省、自治区、直辖市及其以下地方权力机关、人民政府颁布的相应办法、规定和实施细则等为主体，内容涵盖殡葬改革政策法规、公墓管理政策法规、遗体运输管理政策法规、殡葬事业单位管理政策法规，对少数民族、华侨、港澳台居民的丧葬事务管理的政策法规，以及丧葬习俗改革方面的政策法规等。

第三节　殡葬标准体系建设

殡葬标准化作为我国标准化工作的一个重要组成部分，既关系到政府为社会提供公共服务的形象，也涉及人民群众的切身利益。

一、标准和标准化的含义

（一）标准

标准是对重复性事物和概念所作的统一规定，它以科学、技术和实践经验的综合成果为基础，经有关方面协商一致，由主管机构批准，以特定形式发布，作为共同遵守的准则和依据。它对活动或活动的结果规定了规则、导则或特殊值，供共同和反复使用，以实现在预定领域内最佳秩序的效果。GB/T 20000.1—2014《标准化工作指南 第1部分：标准化和相关活动的通用术语》条目5.3中将标准描述为："通过标准化活动，按照规定的程序经协商一致制定，为各种活动或其结果提供规则、指南或特性，供共同使用和重复使用的一种文件。"

标准是法律法规的基础、延伸和补充。法律法规较为抽象，定性要求多。标准较为具体，定量要求多。在我国，强制性标准相当于技术法规，具有法律效力。制定标准时应严格遵守、执行修改的法律、法规、政策。

（二）标准化

标准化是指在经济、技术、科学及管理等社会实践中，对重复性事物和概念通过制定、发布和实施标准，达到统一，以获得最佳秩序和社会效益的活动。标准化是一项制定条款活动，条款的特点是共同使用和重复使用，条款的内容是现实问题或潜在问题，制定条款的目的是在一定范围内获得最佳秩序。

二、标准的分级分类

（一）标准的分级

《中华人民共和国标准化法》将标准分为四个层级，分别是国家标准、行业标准、地方标准、企业标准。各层次之间有一定的依从关系和内在联系，形成一个覆盖全国又层次分明的标准体系。

1. 国家标准

国家标准由国务院标准化行政主管部门编制计划，组织草拟，统一审批、编号、发布。

2. 行业标准

没有国家标准而又需要在全国某个行业范围内统一的技术要求，可以制定行业标准（含标准样品的制作）。制定行业标准的项目由国务院有关行政主管部门确定。行业标准由国务院有关行政主管部门编制计划，组织草拟，统一审批、编号、发布，并报国务院标准化行政主管部门备案。

3. 地方标准

对没有国家标准和行业标准而又需要在省、自治区、直辖市范围内统一的工业产品的安全、卫生要求，可以制定地方标准。制定地方标准的项目，由省、自治区、直辖市人民政府标准化行政主管部门确定。地方标准由省、自治区、直辖市人民政府标准化行政主管部门编制计划，组织草拟，统一审批、编号、发布，并报国务院标准化行政主管部门和国务院有关行政主管部门备案。法律对地方标准的制定另有规定的，依照法律的规定执行。地方标准在相应的国家标准或行业标准实施后，自行废止。

4. 企业标准

企业生产的产品没有国家标准、行业标准和地方标准的，应当制定相应的企业标准，作为组织生产的依据。企业标准由企业组织制定（农业企业标准制定办法另定），并按省、自治区、直辖市人民政府的规定备案。对已有国家标准、行业标准或者地方标准的，鼓励企业制定严于国家标准、行业标准或者地方标准要求的企业标准，在企业内部适用。

国家标准、行业标准分为强制性标准和推荐性标准。行业标准在相应的国家标准实施后，自行废止。

（二）标准的分类

根据标准的适用领域、发生作用的范围、对象、性质、功能等常有下列五种分类方法。

1. 按标准发生作用的范围或标准的审批权限分类

按标准发生作用的范围或标准的审批权限分类可以分为国际标准、区域标准、国家标准、团体标准、行业标准、地方标准和企业标准。

国际标准是指国际标准化组织（ISO）和国际电工委员会（IEC）所制定的标准，以及国际标准化组织已列入《国际标准题内关键词索引》中的27个国际组织制定的标准和公认具有国际先进水平的其他国际组织制定的某些标准。国外先进标准是指国际上有影响的区域标准、世界主要经济发达国家制定的国家标准、其他国家某些具有世界先进水平的国家标准、国际上通行的团体标准以及先进的企业标准。

采用国际标准包括采用国外先进标准，是指把国际标准和国外先进标准的内容，通过分析研究，不同程度地纳入我国的各级标准中，并贯彻实施以取得最佳效果的活动。与国际标准的一致性程度为非等效的国家标准不属于采用国际标准，我国标准与相应的国际标准在技术内容和文本结构上均不同，它们之间的差异也未被清楚地标明。

2. 按标准的约束性分类

按标准的约束性分类可以分为强制性标准和推荐性标准。保障人体健康和人身、财产安全的标准，以及法律、行政法规规定强制执行的标准是强制性标准，其他标准是推荐性标准。强制性标准是国家通过法律的形式明确要求，对一些标准所规定的技术内容和要求必须执行，不允许以任何理由或方式加以违反、变更，包括强制性的国家标准、行业标准和地方标准。对违反强制性标准的，国家将依法追究当事人法律责任。

推荐性标准是指国家鼓励自愿采用的具有指导作用而又不宜强制执行的标准，即标准所规定的技术内容和要求具有普遍的指导作用，允许使用单位结合自身的实际情况，灵活加以选用。

3. 按标准所属行业分类

目前我国按行业归类的标准已正式批准了 57 大类。行业大类的产生过程是：由国务院各有关行政主管部门提出其所管理的行业标准范围的申请报告，经国务院标准化行政主管部门（国家标准化管理委员会）审查确定，同时公布该行业的标准代号。

4. 按标准属性分类

通常按标准的专业性质，将标准划分为技术标准、管理标准和工作标准三大类。技术标准是对标准化领域中需要协调统一的技术事项所制定的标准，主要包括基础标准、产品标准、方法标准，以及安全、卫生与环境保护标准。管理标准是对标准化领域中需要协调统一的管理事项所制定的标准，主要包括生产管理、技术管理、经营管理和劳动组织管理等标准。为实现工作（活动）过程的协调，提高工作质量和工作效率，对每个职能和岗位的工作制定的标准为工作标准。工作标准是对标准化领域中需要协调统一的工作事项所制定的标准，如作业方法、设计程序、工艺流程等标准。

5. 按标准的功能分类

基于社会对标准的需求，为了对常用的量大面广的标准进行管理，通常将重点管理的标准分为基础标准、产品标准、方法标准、安全标准、卫生标准、环保标准、管理标准。按标准化对象在生产过程中的作用，一般分为材料标准、零部件（半成品）标准、工艺和工装标准、设计维修标准、产品标准、检验与试验方法标准等。

三、殡葬标准

（一）殡葬标准与殡葬法律法规的关系

殡葬标准是指为规范殡葬活动中的服务行为、服务流程、技术规范、生产工艺、环保要求、管理规范、用品规范等而制定的规则、指南，被殡葬服务机构共同认可和使用的文件。包括殡葬通用标准、殡葬相关标准、殡葬基础标准、殡葬方法标准、殡葬设施标准、殡葬产品标准、殡葬服务标准、殡葬管理标准、殡葬安全卫生和环保标准、殡葬设备标准、殡葬用品标准等。

根据效力不同，标准可以分为强制性标准和推荐性标准。其中，强制性标准具有法的属性的特点，属于技术法规，而这种法的属性并非强制性标准的自然属性，是人们根据标准的重要性、经济发展等情况和需要，通过立法形式所赋予的，同时也赋予了强制性标准的法制功能。一般都规定得比较具体、明确、详细，其缺点是缺乏市场的适应性。推荐性标准的技术内容一般规定得不够具体，而比较简单扼要、笼统、灵活。强制性标准的强制性检验项目多；推荐性标准中强制性检验项目少，供用户选择或由供需双方协议的项目多。产品标准中规定的检验项目，主要是根据产品的主要用途和制定标准的目的来确定的。因此，殡葬标准的强制性标准相当于殡葬法规，具有较强的效力。我国现行的殡葬领域国家标准有16项，详见表1-1。

表1-1 现行殡葬领域国家标准

序号	标准名称	标准号	性质
1	火葬场大气污染物排放标准	GB 13801—2015	强制性标准
2	火葬场卫生防护距离标准	GB/T 18081—2000	推荐性标准
3	殡仪场所致病菌安全限值	GB 19053—2003	强制性标准
4	燃油式火化机通用技术条件	GB/T 19054—2003	推荐性标准
5	殡葬服务、设施、用品分类与代码	GB/T 19632—2005	推荐性标准
6	殡葬术语	GB/T 23287—2009	推荐性标准
7	木质骨灰盒通用技术条件	GB/T 23288—2009	推荐性标准
8	殡葬服务从业人员资质条件	GB/T 24441—2009	推荐性标准
9	国际运尸 木质棺柩	GB/T 26342—2010	推荐性标准
10	接运遗体服务	GB/T 26374—2010	推荐性标准
11	烈士纪念设施保护单位服务规范	GB/T 29356—2012	推荐性标准
12	火化棺通用技术条件	GB/T 31182—2014	推荐性标准
13	殡仪服务员国家职业技能标准	4-10-06-01	强制性标准
14	遗体防腐整容师国家职业技能标准	4-10-06-02	强制性标准
15	遗体火化师国家职业技能标准	4-10-06-03	强制性标准
16	公墓管理员国家职业技能标准	4-10-06-04	强制性标准
合计	16项（强制性标准6项，推荐性标准10项）		

（二）殡葬标准化建设的进程

殡葬标准化建设是殡葬法律体系中不可或缺的部分，也是对殡葬领域依法进行管理、监督的前提，有利于保障殡葬服务质量、保证依法行政、保护殡葬消费者的合法权益。

1. 全国殡葬标准化技术委员会成立

随着经济社会的快速发展，推进殡葬事业高质量发展是关系民生保障的重大课题。基于此，我国的殡葬行业在各级民政部门的领导下开始关注标准建设，开展了大量有益的探索和实践。2008年4月，经中国国家标准化管理委员会批复同意，民政部成立了全国殡葬标准化技术委员会。全国殡葬标准化技术委员会作为全国殡葬领域内从事殡葬标准化建设工作的技术组织和标准化技术归口单位，主要负责殡葬设备、服务等领域的标准化工作。第一届全国殡葬标准化技术委员会由37名委员组成，秘书处承担单位为中国殡葬协会。

标准化建设将为殡葬事业发展提供技术支撑和必要保障。一方面，对殡葬服务机构进行标准化规范，可提高殡葬服务的科技含量和科技水平，不断提高殡葬服务的现代化、规范化、科学化管理水平。另一方面，通过对服务环节进行标准化，可以进一步完善服务内容，优化服务环节和保障服务质量。尤为重要的是，通过对殡葬从业人员的标准化意识培养，可以提高从业人员的素质，树立服务宗旨意识，从而促进殡葬事业的科学发展。

2. 殡葬标准体系形成

经过60余年的发展，殡葬事业有了长足进步，已经初步构建了殡葬政策法规体系、管理体系、服务体系和科技教育体系，其中的许多内容都通过标准化来加以规范。截至目前，我国已经形成殡葬标准体系框架并不断完善。框架基于殡葬行业发展需求，以现代殡葬技术体系下标准的构成为主体，兼顾殡葬业务对标准的现实需要，从信息化流程、殡葬业务服务流程等多个视角对殡葬标准的组成进行描述和构建。殡葬标准体系框架包括殡葬标准体系层次结构图、殡葬标准明细表和殡葬标准统计表，共由殡葬基础、殡葬方法、殡葬设施、殡葬产品、殡葬服务、殡葬管理、殡葬安全卫生环保和其他殡葬标准八大类构成。

殡葬行业建立认证体系后，按质量、环境、职业健康安全标准要求确定各部门及其工作人员的职责，制定文件化的工作程序和管理文件，各项制度和服务流程得到了有效的整合，杜绝了服务操作的随意性，克服了凭经验管理的不规范做法，解决了基础管理弱化、内部协调不畅等问题，使殡葬管理达到规范化、制度化的要求。同时，在内部强化管理的基础上，第三方认证监督机制也大大强化了殡葬行业的系统化、规范化和制度化管理，使客户满意并满足相关方的需求，提高了管理水平，促进殡葬行业健康可持续发展。

案例分析

案例一：县政府强制填坟被告违法并赔偿

案情简介：

2015年，张某患病住院期间，收到了××县政府工作部门的迁坟通知，该通知载明，张某家百年的祖坟已被政府纳入征收范围，要求他7日内将祖坟迁出。但张某还在住院，同时想着既然是土地征收，肯定要签署补偿协议，到时候再跟县政府的工作人员协商。没想到的是，没有等到县政府的人来协商，却先等到了祖坟被强制填平的消息，随后县政府才将补偿款打到张某的银行卡上。张某一气之下，将县政府告到了法院。要求确认县政府强制填平其祖坟的行为违法，并进行赔偿。

一审法院认为，县政府在拆迁前已经公示征收内容，并且向张某送达通知，事后也将补偿款打到了张某卡上，因此驳回了张某的诉讼请求。张某不服，提起上诉，将县政府告到了省高院。县政府辩称，张某的祖坟位于农业用地之中，按照规定应当迁移或者深埋。

经法院审理，判决如下：

① 确认县政府的行为违法。
② 判决县政府支付相应的赔偿金。

案例二：民政局提前起坟火化败诉

案情简介：

2011年，某地政府组织当地公安、民政等相关部门开展散坟乱葬和私埋土葬问题整治工作。在工作中接到群众举报，某镇某村存在私埋土葬问题，执法人员立即展开调查。经查，该村村民赵某的父亲于当年7月去世，其子女没有按照殡葬管理办法的规定对遗体进行火葬，而是私自土葬。查实情况后，工作组上门进行协调和劝导，要求其子女在15日内将逝者遗体起出进行火化。在距离规定日期还有2天时，因天气逐渐寒冷，考虑到地面硬化等相关因素，工作组决定提前进行强制起坟工作，派出20余人前往现场，将逝者遗体起出火化。逝者子女将民政局告上法院，民政局辩称怕天气影响耽误起坟火化才提前进行。最后经法院审理，民政局败诉。

思考与练习

1. 殡葬法律法规的含义是什么？种类有哪些？
2. 简述我国现行主要殡葬法律法规的名称和颁布、实施的时间。
3. 简述殡葬法律法规的起源。
4. 简述中华人民共和国成立后殡葬法律法规的发展历程。
5. 标准如何分级分类？
6. 简述殡葬标准与殡葬法律法规的关系。
7. 我国现行殡葬领域国家标准有哪些？
8. 如何加强殡葬标准化建设？

第二章
殡葬相关法律制度

章前导读

开展殡葬活动要遵守殡葬法律法规,同时也离不开其他法律法规的指导。殡葬服务是平等主体间的活动,要遵守民事法律制度;还要遵守《中华人民共和国消费者权益保护法》,维护公平、自由的交易环境;各类服务所签订的协议要遵守有关合同规定。本章主要介绍与殡葬活动密切相关的法律制度。

学习目标

知识目标

① 了解民事法律主体、民事权利及监护制度。
② 了解民事法律责任及承担方式。
③ 了解合同订立、解除的条件。

能力目标

① 能认定法律责任及殡葬法律纠纷类型。
② 能按《中华人民共和国消费者权益保护法》保护消费者的权益。
③ 能介绍和签订各类殡葬合同。

素养目标

培养殡葬工作人员"法治""平等"的社会主义核心价值观,树立保护客户合法权利的法律意识。

第一节　殡葬与《中华人民共和国民法典》

《民法典》于 2020 年 5 月 28 日颁布，2021 年 1 月 1 日起正式施行，被称为"社会生活百科全书"，在中国特色社会主义法律体系中具有重要地位。很多殡葬纠纷从根本上来说是民事法律纠纷，殡葬从业人员要了解基本的民事法律常识，提高从法律角度分析、解决问题和维护双方合法权益的能力。

一、民事主体

民事主体，又称民事法律关系主体，即民事法律关系的当事人，指参加民事法律关系享受权利和承担义务的人。民事主体既是权利主体，也是义务主体。《民法典》规定，民事主体包括自然人、法人、其他组织以及个别情形下的国家，国家在发行公债、接受赠与、对外以政府名义签订贸易协定等情况下成为特殊民事主体。

（一）自然人

自然人指基于自然规律出生、有血有肉、双足直立行走、有抽象思维能力的高级哺乳动物。在民法中，自然人包括具有中国国籍的自然人、具有外国国籍的自然人和无国籍的自然人。特殊的自然人包括胎儿、未成年人、精神病患者、醉酒的人、盲聋哑人等。

1. 民事权利能力

民事权利能力，是指作为民事主体可以享受民事权利、承担民事义务的资格。自然人的民事权利能力始于出生、终于死亡。自然人的出生时间和死亡时间，以出生证明、死亡证明记载的时间为准；没有出生证明、死亡证明的，以户籍登记或者其他有效身份登记记载的时间为准。有其他证据足以推翻以上记载时间的，以该证据证明的时间为准。涉及遗产继承、接受赠与等胎儿利益保护的，胎儿视为具有民事权利能力。但是胎儿娩出时为死体的，其民事权利能力自始不存在。

2. 民事行为能力

民事行为能力是指以自己的行为取得民事权利、承担民事义务的资格。自然人的民事行为能力由国家法律确认，公民的民事行为能力有以下几种。

① 完全民事行为能力。18周岁以上的公民是成年人，具有完全民事行为能力，可以独立进行民事活动，是完全民事行为能力人。16周岁以上不满18周岁的公民，以自己的劳动收入为主要生活来源的，视为完全民事行为能力人。

② 限制民事行为能力。8周岁以上的未成年人，以及不能完全辨认自己行为的成年人为限制民事行为能力人。限制民事行为能力人实施民事法律行为由其法定代理人代理或者经其法定代理人同意、追认，但是可以独立实施纯获利益的民事法律行为，或者与其年龄、智力、健康状况相适应的民事法律行为。

③ 无民事行为能力。不满8周岁的未成年人和不能辨认自己行为的成年人为无民事行为能力人，由其法定代理人代理实施民事法律行为。

完全民事行为能力人能独立参与殡葬活动，独立实施殡葬行为。限制民事行为能力人和无民事行为能力人又称为不完全行为能力人。不完全行为能力人一般不能独立实施殡葬活动，其殡葬行为需要由其法定代理人代理或者经其法定代理人同意、追认。如果殡葬单位无偿赠与他们物品，应当有效；附条件的赠与行为需要得到代理人同意，不能损害他们的利益。

3. 监护人

父母是未成年子女的监护人，父母已经死亡或者没有监护能力的，由下列有监护能力的人按顺序担任监护人：祖父母、外祖父母；兄、姐；其他愿意担任监护人的个人或者组织，但须经未成年人住所地的居民委员会、村民委员会或民政部门同意。

无民事行为能力或者限制民事行为能力的成年人，监护人顺序如下：配偶；父母、子女；其他近亲属；其他愿意担任监护人的个人或者组织，但须经被监护人住所地的居民委员会、村民委员会或者民政部门同意。

对监护人的确定有争议的，由被监护人住所地的居民委员会、村民委员会或者民政部门指定监护人。没有依法具有监护资格的人的，监护人由民政部门担任，也可以由具备履行监护职责条件的被监护人住所地的居民委员会、村民委员会担任。监护人应按最有利于被监护人的原则履行监护职责。监护人除为维护被监护人利益外，不得处分被监护人的财产。

在非正常死亡的逝者的殡葬活动中，要特别关注未成年人及不完全行为能力人的参与权利保护，结合《民法典》关于监护的制度以及关于继承的规定，由其监护人及法定代理人代理实施殡葬行为。

(二) 法人

法人指具有民事权利能力和民事行为能力，依法独立享有民事权利和承担民事义务的组织。法人包括企业法人、机关法人、事业单位法人和社会团体法人。殡葬单位中，有企业法人，如经营性公墓、殡仪服务公司；有机关法人，如殡葬管理处；有事业单位法人，如殡仪馆、火葬场、一零一研究所以及部分民政局下属的经营性公墓；有非营利的社会团体法人，如红白理事会、殡葬协会等。

1. 法人的民事权利能力

法人的民事权利能力从法人成立时产生。企业法人从核准登记手续办理完毕，依法领取营业执照之日起享有民事权利能力。事业单位法人和社会团体法人批准登记手续办理完毕，并依法领取营业执照之日起享有民事权利能力。事业单位法人和社会团体法人不需要办理法人登记的，从成立之日起具有民事权利能力；依法需要办理法人登记的，从核准登记手续办理完毕之日起取得民事权利能力。

法人的民事权利能力与公民的民事权利能力不同，法人不得享有与公民的人身密不可分的权利，法人的民事权利能力依法受法律和行政命令的限制，法人的民事权利能力要受法人的目的范围的限制。

法人的民事权利能力从法人终止时消灭。但法人终止以后，在依法进行清算的阶段，限于清算的必要范围内，法人仍享有一定的民事权利能力。至法人清算完结之日起，其权利最终消灭。

2. 法人的民事行为能力

法人的民事行为能力是指法人以自己的意思独立进行民事活动，取得权利并承担义务的资格。法人的民事行为能力具有如下特征。第一，法人的民事行为能力和民事权利能力在时间上是一致的，也始于法人成立，终于法人消灭，在法人存续期间始终存在。两者同时发生，同时消灭。第二，法人的民事行为能力和其民事权利能力在范围上是一致的。第三，法人作为组织体，其自身并不能直接从事民事活动，只能通过法人的机关或工作人员来从事民事活动，其法律后果由法人承担。

3. 法人的消灭

法人的消灭即法人的民事主体资格的丧失。其原因有以下四种。①法人任务完成或者设立的期限已经届满。法人章程规定的解散事由发生。②宣告解散。法人的行为违反法律法规和社会利益，法院判决终止其活动。③撤销许可。主管部门撤销法人设立的许可后，法人即行消灭。④宣告破产。法人的财产不能清偿其债务时，经主管机关决定，法院判决其终止活动。法人的消灭应依法定程序进行公告，并到有关部门办理登记手续。

（三）其他组织

其他组织包括个体工商户和个人合伙。个体工商户指公民在法律允许的范围内，经依法核准登记，从事工商业经营的家庭或户。个体工商户还可以起字号，并以其字号进行活动。

从事殡葬活动的个体工商户一般以鲜花店、花圈店、寿衣店、殡葬用品商店等形式出现。个体工商户和农村承包经营户的合法权益受法律保护。个体工商户的债务，个人经营的以个人财产承担；家庭经营的以家庭财产承担；无法区分的，以家庭财产分担。

二、民事权利

民事权利是民事主体依法享有并受法律保护的利益范围以及实施某一行为（作为或不作为）以实现某种利益的意志。简单地说，民事权利就是权利主体对实施还是不实施一定行为的选择权。

根据民事权利是否以财产利益为内容，可以将其分为财产权和人身权。财产权，是指以财产利益为内容，直接体现财产利益的民事权利。财产权既包括物权、债权、继承权，也包括知识产权中的财产权利。人身权，是指不直接具有财产内容，与主体人身不可分离的权利，包括人格权和身份权。自然人享有生命权、身体权、健康权、姓名权、肖像权、名誉权、荣誉权、隐私权、婚姻自主权等权利。自然人的个人信息受法律保护。法人、非法人组织享有名称权、名誉权和荣誉权。

殡葬工作人员在提供服务的过程中应注意保护服务对象的民事权利，包括财产权，如逝者遗物的保管等，以及人身权，如逝者或遗属的隐私权等。

三、民事法律行为

民事法律行为是民事主体通过意思表示设立、变更、终止民事法律关系的行为。根据《民法典》，民事行为根据其效力可分为以下几种。

(一) 有效民事法律行为

根据《民法典》规定，具备下列条件的民事法律行为有效：行为人具有相应的民事行为能力；意思表示真实；不违反法律、行政法规的强制性规定，不违背公序良俗。

(二) 效力待定的民事法律行为

1. 效力待定的民事法律行为的情形

① 限制民事行为能力人实施的超越其能力范围的民事法律行为。限制民事行为能力人实施的纯获利益的民事法律行为或者与其年龄、智力、精神健康状况相适应的民事法律行为有效；实施的其他民事法律行为经法定代理人同意或者追认后有效。

② 无权代理行为。行为人没有代理权、超越代理权或者代理权终止后，仍然实施代理行为，未经被代理人追认的，对被代理人不发生效力。

2. 法律后果

① 相对人的催告权及法定代理人（被代理人）的追认权。相对人可以催告法定代理人（被代理人）自收到通知之日起一个月以内予以追认。法定代理人（被代理人）未作表示的，视为拒绝追认。

② 善意相对人的撤销权。民事法律行为被追认前，善意相对人有撤销的权利。撤销权应当以通知的方式作出。

(三) 可撤销的民事法律行为

可撤销的民事法律行为情形：重大误解，欺诈，胁迫，显失公平。

撤销权消灭的情形：当事人自知道或者应当知道撤销事由之日起一年内、重大误解的当事人自知道或者应当知道撤销事由之日起九十日内没有行使撤销权；

当事人受胁迫，自胁迫行为终止之日起一年内没有行使撤销权；当事人自知道撤销事由后明确表示或者以自己的行为表明放弃撤销权；当事人自民事法律行为发生之日起五年内没有行使撤销权的，撤销权消灭。

(四) 无效的民事法律行为

1. 无效的民事法律行为的情形

无民事行为能力人实施的民事法律行为无效；行为人与相对人以虚假的意思表示实施的民事法律行为无效，以虚假的意思表示隐藏的民事法律行为的效力，依照有关法律规定处理；违反法律、行政法规的强制性规定的民事法律行为无效，但是该强制性规定不导致该民事法律行为无效的除外；违背公序良俗的民事法律行为无效；行为人与相对人恶意串通，损害他人合法权益的民事法律行为无效。

2. 法律后果

《民法典》第一百五十七条规定："民事法律行为无效、被撤销或者确定不发生效力后，行为人因该行为取得的财产，应当予以返还；不能返还或者没有必要返还的，应当折价补偿。有过错的一方应当赔偿对方由此所受到的损失；各方都有过错的，应当各自承担相应的责任。法律另有规定的，依照其规定。"

四、合同基本知识

《民法典》第四百六十四条规定：合同是民事主体之间设立、变更、终止民事法律关系的协议。

(一) 合同的种类

合同种类繁多，依据不同的标准可以分为不同的类型。

1. 单务合同和双务合同

单务合同，又称单边合同，指合同当事人仅有一方承担义务。

双务合同指合同的双方当事人互负对等给付义务的合同关系。买卖合同是典型的双务合同，现实生活中的合同大多数为双务合同，如买卖、互易、租赁、承揽等。

2. 有偿合同和无偿合同

有偿合同指一方通过履行合同规定的义务而给付对方某种利益，对方要得到该利益必须为此支付相应代价的合同。如买卖、租赁、承揽、有偿委托、有偿保管等，有偿合同大多数是双务合同。

无偿合同，又称恩惠合同，指一方给付某种利益，对方取得该利益时并不支付任何报酬的合同。无偿合同不是典型的交易形式，主要有赠与合同、无偿借用合同、无偿保管合同等。

3. 要式合同和不要式合同

要式合同指法律规定或当事人约定必须采取特殊形式订立的合同。当事人订立合同，有书面形式、口头形式和其他形式。要式合同一般采用书面形式，用合同书、信件和数据电文（电报、电传、传真电子数据交换和电子邮件）等可以有形地表现所载内容的形式。为尊重逝者，避免不必要的纠纷，殡仪服务、骨灰寄存及墓穴租用都必须签订书面协议，是要式合同。

不要式合同指依法无须采取特定形式订立的合同。买卖合同、赠与合同、承揽合同、仓储合同、委托合同、行纪合同、居间合同都属于不要式合同。

4. 实践合同和诺成合同

实践合同指除当事人双方意思表示一致外，尚需交付标的物才能成立的合同。实践合同除双方当事人的意思表示一致外，还必须有一方实际交付标的物的行为，才能产生法律效果。实践合同则必须有法律特别规定，比如定金合同、保管合同等。

诺成合同指当事人一方的意思表示一旦经对方同意，即能产生法律效果的合同，即"一诺即成"的合同。特点在于当事人双方意思表示一致，合同即告成立。

5. 有名合同和无名合同

有名合同，又称典型合同，是指法律上已经确定了一定的名称及规则的合同。《民法典》规定了十九类有名合同，有名合同当事人权利义务由法律规定，当事人严格执行。《民法典》中的典型合同有：买卖合同，供用电、水、气、热力合同，赠与合同，借款合同，保证合同，租赁合同，融资租赁合同，保理合同，承揽合同，建筑施工合同，运输合同，技术合同，保管合同，仓储合同，委托合同，物业服务合同，行纪合同，中介合同，合伙合同。

无名合同，又称非典型合同，是指法律上并未确定一定的名称及规则的合同。无名合同参照相近相类似的合同执行。

6. 主合同和从合同

主合同指不依赖其他合同而能独立存在的合同。一般殡仪馆《殡仪服务合同》是主合同，墓地《墓位使用合同》是主合同。

从合同指以其他合同的存在为存在前提的合同，又称为附属合同。殡仪馆《礼厅租用合同》《花圈租用合同》《守灵服务合同》是从合同，墓地《留墓单》《订墓单》《墓位登记单》《墓穴制作合同》是从合同。

（二）合同的成立与生效

合同的成立，是指双方当事人依照有关法律对合同的内容和条款进行协商并达成一致。合同成立的判断依据是承诺是否生效。依法成立的合同，自成立时生效。通常合同依法成立之际，就是合同生效之时，两者在时间上是同步的。

合同成立的四个条件：双方当事人应具有实施法律行为的资格和能力，当事人应是在自愿的基础上达成的意思表示一致，合同的标准和内容必须合法，合同必须符合法律规定的形式。

（三）合同解除

合同解除指合同当事人一方或者双方依照法律规定或者当事人的约定，依法解除合同效力的行为。合同一旦签约，受国家法律保护。合同解除分为合意解除和法定解除两种情况。解除是合同之债终止的事由之一，它也是一种法律制度。

1. 约定解除

即当事人以合同的形式，约定一方或双方在某种条件下享有解除合同的权利。

2. 法定解除

即当事人依法律的规定通过行使解除权解除合同的行为。《民法典》第五百六十三条规定，有下列情形之一的，当事人可以解除合同。

① 因不可抗力致使不能实现合同目的。不可抗力致使合同目的不能实现，该合同失去意义，应归于消灭。在此情况下，我国《民法典》允许当事人通过行使解除权的方式消灭合同关系。

② 在履行期限届满之前，当事人一方明确表示或者以自己的行为表明不履行主要债务。此即债务人拒绝履行，也称毁约，包括明示毁约和默示毁约。作为合同解除条件，一是要求债务人有过错，二是拒绝行为违法（无合法理由），三是有履行能力。

③ 当事人一方迟延履行主要债务，经催告后在合理期限内仍未履行。此即债务人迟延履行。根据合同的性质和当事人的意思表示，履行期限在合同的内容中非属特别重要时，即使债务人在履行期届满后履行，也不致使合同目的落空。在此情况下，原则上不允许当事人立即解除合同，而应由债权人向债务人发出履行催告，给予一定的履行宽限期。债务人在该履行宽限期届满时仍未履行的，债权人有权解除合同。

④ 当事人一方迟延履行债务或者有其他违约行为致使不能实现合同目的。对某些合同而言，履行期限至为重要，如债务人不按期履行，合同目的即不能实现，于此情形，债权人有权解除合同。其他违约行为致使合同目的不能实现时，也应如此。

⑤ 法律规定的其他情形。法律针对某些具体合同规定了特别法定解除条件的，从其规定。

3. 协议解除

协议解除即当事人通过协商一致而解除合同的行为，实际上是以一个新合同解除旧合同。合同协议解除实质是在原合同当事人之间重新成立了一个合同，其主要内容为废弃双方原合同关系，使双方基于原合同发生的债权债务归于消灭。协议解除采取合同（即解除协议）方式，因此应具备合同的有效要件，即当事人具有相应的行为能力；意思表示真实；内容不违反强行法规范和社会公共利益；采取适当的形式。

合同解除的法律效果是使合同关系消灭，我国《民法典》将合同解除的效力分成两块，无溯及力和有溯及力。合同尚未履行的，终止履行。尚未履行合同的状态与之前的情形并无不同，因而解除合同只需单纯地终止合同的权利义务。因此这类合同的解除没有溯及力。合同已履行，要根据履行的情况和合同的性质来决定合同是否有溯及效力。合同的权利义务终止，不影响合同中结算和清理条款的效力。

(四) 格式合同

格式合同，也称定式合同、标准合同、附从合同，是指当事人一方预先拟定合同条款，对方只能表示全部同意或者不同意的合同。对于格式合同的非拟定条款的一方当事人而言，要订立格式合同，就必须全部接受合同条件，否则就不订立合同。现实生活中的车票、船票、飞机票、保险单、提单、仓单、出版合同等都是制式合同、格式合同。只有部分是以格式条款的形式反映出来的，则称之为普通合同中的格式条款。民政行业标准中，《殡仪接待服务》中的《殡仪服务合同》，以及《墓地业务接待》标准中的《墓位使用合同》有格式条款。《民法典》第四百九十六条规定："格式条款是当事人为了重复使用而预先拟定，并在订立合同时未与对方协商的条款。"

1. 格式合同的法律特征

格式合同的要约向公众发出，并且规定了在某一特定时期订立该合同的全部条款；格式合同的条款是单方事先制定的；格式合同条款的定型化导致了对方当事人不能就合同条款进行协商；格式合同一般采取书面形式；格式合同（特别是提供商品和服务的格式合同）条款的制定方一般具有绝对的经济优势或垄断地位，而另一方为不特定的、分散的消费者。

2. 格式合同的限制条件

一般而言，某一行业垄断的存在、交易内容的重复性、交易双方所要求的简便省时导致了格式合同的存在，并大量运用于商事生活领域。为了保护弱者的利益，达到公平的目标，对格式合同，也就是所谓的格式合同的相关条款进行了限制。

第一，提供格式合同一方有提示、说明的义务，应当提请对方注意免除或者限制其责任的条款，并按照对方的要求予以说明。采用格式条款订立合同的，提供格式条款的一方应当遵循公平原则确定当事人之间的权利和义务，并采取合理的方式提请对方注意免除或者限制其责任的条款，按照对方的要求，对该条款予以说明。

第二，免除提供格式合同一方当事人主要义务、加重对方责任、排除对方当事人主要权利的格式合同无效。

第三，对格式合同的理解发生争议的，应当作出不利于提供格式合同一方的解释。对格式条款的理解发生争议的，应当按照通常理解予以解释。对格式条款有两种以上解释的，应当作出不利于提供格式条款一方的解释。格式条款和非格式条款不一致的，应当采用非格式条款。

3. 无效的格式条款和合同

根据《民法典》第四百九十七条规定，有下列情形之一的，该格式条款或合同无效：具有《民法典》规定的无效民事行为情形的，该合同无效；合同中造成对方人身损害的免责条款，该条款无效；合同中规定的因故意或者重大过失造成对方财产损失的免责条款，该条款无效；提供格式条款一方不合理地免除或者减轻其责任、加重对方责任、限制对方主要权利，该条款无效；提供格式条款一方排除对方主要权利，该条款无效。

采用格式条款订立合同的，提供格式条款的一方应当遵循公平原则确定当事人之间的权利和义务，并采取合理的方式提示对方，注意免除或者减轻其责任等与对方有重大利害关系的条款，按照对方的要求，对该条款予以说明。提供格式条款的一方未履行提示或者说明义务，致使对方没有注意或者理解与其有重大利害关系的条款的，对方可以主张该条款不成为合同的内容。

《中华人民共和国消费者权益保护法》（以下简称《消费者权益保护法》）第二十六条规定："经营者在经营活动中使用格式条款的，应当以显著方式提请消费者注意商品或者服务的数量和质量、价款或者费用、履行期限和方式、安全注意事项和风险警示、售后服务、民事责任等与消费者有重大利害关系的内容，并按照消费者的要求予以说明。经营者不得以格式条款、通知、声明、店堂告示等方式，作出排除或者限制消费者权利、减轻或者免除经营者责任、加重消费者责任等对消费者不公平、不合理的规定，不得利用格式条款并借助技术手段强制交易。格式条款、通知、声明、店堂告示等含有前款所列内容的，其内容无效。"

五、法律责任及承担方式

法律责任是指因违反了法定义务或契约义务，或不当行使法律权利、权力所产生的，由行为人承担的不利后果。

（一）法律责任的分类

根据违法行为所违反的法律的性质，可以把法律责任分为民事责任、刑事责任、行政责任、违宪责任和国家赔偿责任。

1. 民事责任

民事责任是指由于违反民事法律、违约或者由于民法规定所应承担的一种法律责任。

承担民事责任的方式主要有：停止侵害；排除妨碍；消除危险；返还财产；恢复原状；修理、重作、更换；继续履行；赔偿损失；支付违约金；消除影响、恢复名誉；赔礼道歉。法律规定惩罚性赔偿的，依照其规定。承担民事责任的方式，可以单独适用，也可以合并适用。

2. 刑事责任

刑事责任是指行为人因其犯罪行为所必须承受的，由司法机关代表国家所确定的否定性法律后果。刑事责任刑罚分为主刑和附加刑。主刑包括管制（三个月以上二年以下）、拘役（一个月以上六个月以下）、有期徒刑（六个月以上十五年以下）、无期徒刑、死刑。附加刑包括罚金（刑事）、剥夺政治权利、没收财产（刑事）、驱逐出境。

3. 行政责任

行政责任是指因违反行政法规定或因行政法规定而应承担的法律责任。行政责任包括行政处分和行政处罚。《中华人民共和国行政处罚法》第九条规定："行政处罚的种类：（一）警告、通报批评；（二）罚款、没收违法所得、没收非法财物；（三）暂扣许可证件、降低资质等级、吊销许可证件；（四）限制开展生产经营活动、责令停产停业、责令关闭、限制从业；（五）行政拘留；（六）法律、行政法规规定的其他行政处罚。"《中华人民共和国治安管理处罚法》第十条规定："治安管理处罚的种类分为：（一）警告；（二）罚款；（三）行政拘留；（四）吊销公安机关发放的许可证。对违反治安管理的外国人，可以附加适用限期出境或者驱逐出境。"

4. 违宪责任

违宪责任是指有关国家机关制定的某种法律、法规和规章，以及有关国家机关、社会组织或公民某种行为与宪法规定相抵触而产生的法律责任。

5. 国家赔偿责任

国家赔偿责任是指在国家机关行使公权力时，由于国家机关及其工作人员违法行使职权所引起的由国家作为承担主体的赔偿责任。

（二）法律责任的构成

法律责任是由一定条件引起的，其条件就是所谓的要件。法律责任的构成要件就是指构成法律责任所必备的客观要件和主观要件的总和。法律责任的构成要件概括为主体、过错、违法行为、损害事实和因果关系五个方面。

① 主体。法律责任主体是指违法主体或者承担法律责任的主体。责任主体不完全等同于违法主体。

② 过错。过错即承担法律责任的主观故意或者过失。

③ 违法行为。违法行为是指违反法律所规定的义务、超越权利的界限行使权利以及侵权行为的总称，一般认为违法行为包括犯罪行为和一般违法行为。

④ 损害事实。损害事实即受到的损失和伤害的事实，包括对人身、财产、精神（或者三方面兼有的）的损失和伤害。

⑤ 因果关系。因果关系即行为与损害之间的因果关系，它是存在于自然界和人类社会中的各种因果关系的特殊形式。

（三）归责与免责

法律责任的认定和归结简称"归责"，它是指对违法行为所引起的法律责任进行判断、确认、归结、缓减以及免除的活动。

1. 归责原则

① 责任法定原则。其含义包括：违法行为发生后应当按照法律事先规定的性质、范围、程度、期限、方式追究违法者的责任，作为一种否定性法律后果，它应当由法律规范预先规定；排除无法律依据的责任，即责任擅断和"非法责罚"；在一般情况下要排除对行为人有害的既往追溯。

② 责任相称原则。其含义包括：法律责任的性质与违法行为性质相适应，

法律责任的轻重和种类应当与违法行为的危害或者损害相适应，法律责任的轻重和种类还应当与行为人主观恶性相适应。

③ 责任自负原则。其含义包括：违法行为人应当对自己的违法行为负责；不能让没有违法行为的人承担法律责任，即反对株连或变相株连；要保证责任人受到法律追究，也要保证无责任人不受法律追究，做到不枉不纵。

2. 免责及条件

免责是指行为人实施了违法行为，应当承担法律责任，但由于法律的特别规定，可以部分或全部免除其法律责任，即不实际承担法律责任。免责的条件和方式可以分为以下几点。

① 时效免责。《民法典》第一百八十八条规定："向人民法院请求保护民事权利的诉讼时效期间为三年。法律另有规定的，依照其规定。诉讼时效期间自权利人知道或者应当知道权利受到损害以及义务人之日起计算。法律另有规定的，依照其规定。但是，自权利受到损害之日起超过二十年的，人民法院不予保护，有特殊情况的，人民法院可以根据权利人的申请决定延长。"下列请求权不适用诉讼时效的规定：请求停止侵害、排除妨碍、消除危险，不动产物权和登记的动产物权的权利人请求返还财产，请求支付抚养费、赡养费或者扶养费，依法不适用诉讼时效的其他请求权。

② 不诉免责。不诉免责即告诉才处理，不告不理。在我国，大多数民事违法行为是当事人或者有关人员告诉才处理。

③ 有效补救免责。即对于那些实施违法行为造成一定损害，但在国家机关归责之前采取及时补救措施的人，免除其部分或全部责任。

④ 协议免责或意定免责。这是指双方当事人在法律允许的范围内通过协商所达成的免责，即所谓"私了"。

⑤ 自助免责。自助免责是对自助行为所引起的法律责任的减轻或免除。所谓自助行为是指权利人为保护自己的权利，在情势紧迫而又不能及时请求国家机关予以救助的情况下，对他人的财产或自由施加扣押、拘束或其他相应措施，而为法律或公共道德所认可的行为。

⑥ 人道主义免责。在权利相对人没有能力履行责任或全部责任的情况下，有关的国家机关或权利主体可以出于人道主义考虑，免除或部分免除有责主体的法律责任。

第二节　殡葬与《中华人民共和国消费者权益保护法》

消费者权益是指消费者在有偿获得商品或接受服务时，以及在以后的一定时期内依法享有的权益。

一、消费者的基本权利

早在 20 世纪 60 年代初，国际消费者联盟就已确定了消费者有下列基本权利。

1. 安全保障权

安全保障权指消费者在购买、使用商品或接受服务时，所享有的保障其人身、财产安全不受损害的权利。具体包括两个方面：一是人身安全权，二是财产安全权。

2. 知悉真情权

知悉真情权是消费者知悉其购买使用的商品或者接受的服务的真实情况的权利。

3. 自主选择权

自主选择权是消费者享有自主选择商品或者服务的权利。

4. 公平交易权

公平交易权是指消费者在购买商品或者接受服务时所享有的获得质量保障和价格合理、计量正确等公平交易的权利。

5. 依法求偿权

依法求偿权是指消费者因购买、使用商品或接受服务受到人身、财产损害时，依法享有的要求获得赔偿的权利。

6. 依法结社权

依法结社权是指消费者享有的依法成立维护自身合法权益的社会团体的

权利。

7. 维护尊严权

维护尊严权是指消费者在购买商品或者接受服务时所享有的其人格尊严、民族风俗习惯得到尊重的权利。

8. 监督批评权

监督批评权是指消费者享有的对商品、服务以及保护消费者权益工作进行监督的权利。

我国于 1993 年 10 月 31 日通过《消费者权益保护法》，该法自 1994 年 1 月 1 日起施行，2009 年进行第一次修正，2013 年进行第二次修正，2014 年 3 月 15 日新版《消费者权益保护法》开始施行。

二、损害消费者权益的民事责任

1.《消费者权益保护法》规定的责任形式

《消费者权益保护法》第五十二条规定了经营者承担民事责任的几种方式。

① 修理。经营者对售出的、存在瑕疵的、可修复的商品进行修理，使其达到应有的质量标准。

② 重作。经营者提供的物品不符合质量标准的，应当重新制作，以达到约定或既定的质量标准。

③ 更换。经营者应该负责将售出的不符合质量要求的商品换为合格商品。

④ 退货。《消费者权益保护法》第五十四条规定："依法经有关部门认定为不合格的商品，消费者要求退货的，经营者应负责退货。"

⑤ 补足商品数量。经营者售出的重量、尺寸或容量不足的商品，应该补足。

⑥ 退还货款和服务费用。经营者提供的商品或服务不符合质量标准的，应当按公平、合理原则，退还消费者已支付的货款和服务费用。

⑦ 赔偿损失。经营者除按以上方式承担责任外，对消费者造成的其他损失，应该赔偿。

以上经营者所承担的民事责任，在经营者与消费者无约定情况下适用。两者另有约定的，按约定履行，但约定不得违反法律和社会公共利益，否则约定无效，而且还要承担由此引起的法律责任。

2. 经营者有欺诈行为的民事赔偿责任

《消费者权益保护法》第五十五条规定："经营者提供商品或者服务有欺诈行为的，应当按照消费者的要求增加赔偿其受到的损失，增加赔偿的金额为消费者购买商品的价款或者接受服务的费用的三倍；增加赔偿的金额不足五百元的，为五百元。法律另有规定的，依照其规定。"

这是《消费者权益保护法》对欺诈性损害行为的惩罚性赔偿制度。欺诈指一方当事人采用歪曲事实、捏造虚假情况、掩盖真实情况等手段，欺骗、误导消费者，使消费者的合法权益受到损害的行为。欺诈行为是违法行为，情节严重的可构成诈骗罪。这里所指的欺诈行为，属于民事法律范畴内的欺诈行为，是指经营者在提供商品或者服务中，采取虚假或者其他不正当手段。

3. 造成消费者人身伤害的民事赔偿责任

根据《消费者权益保护法》第四十九条规定，消费者人身受到伤害的，应当赔偿以下费用。

① 医疗费。医疗费是消费者因消费事故造成身体伤害、疾病而支付的必要合理的费用，包括治疗费、手术费、医药费、检查费、住院费等。

② 护理费。受害程度严重的，需要支付治疗期间专人护理的费用，由医院决定需要专人护理的情况。

③ 因误工减少的收入。消费者因伤不能正常工作的损失需要赔偿。误工时间应按实际伤害程度、恢复情况及医院开具的休假证明等认定。赔偿数额标准照受害人工资标准或实际收入的数额核算。

④ 其他费用。去医院的交通费、根据医生的诊断而定的营养费等。不需要特殊营养的，营养费不列入赔偿范围。

4. 造成消费者残疾的民事赔偿责任

造成消费者残疾的，除以上几种费用外，还应赔偿以下费用。

① 残疾者生活辅助具费。受害者购买功能辅助性器具，如假肢、轮椅、助听器等费用。

② 残疾赔偿金。这是2014年实施的《消费者权益保护法》新增加的赔偿费用，其他法律没有规定。不管残疾轻重，都应支付此费用，支付数额和办法可由当事人协商，协商不成的，由有关机关决定。

③ 生活补助费。根据残疾后丧失劳动力的情况和原来收入减少的情况确定

生活补助费。一般补足到不低于当地居民基本生活费的标准。

④ 受害人扶养的人所必需的生活费用。此项赔偿仅针对受害人实际扶养的没有其他生活来源的人，有其他生活来源的不必支付。

5. 造成消费者死亡的民事赔偿责任

根据《消费者权益保护法》第四十九条规定，经营者提供商品或者服务造成消费者或其他受害人死亡的，应承担民事赔偿责任，支付以下费用。

① 丧葬费。丧葬费是安葬逝者所支付的费用，应以逝者当地一般丧葬所需的费用标准来确定。

② 死亡赔偿金。造成受害者死亡的，应支付死亡赔偿金，此项费用具有抚慰的性质，毕竟生命无价。

③ 由逝者生前扶养的人所必需的生活费。

6. 侵犯消费者人格权的民事法律责任

根据《消费者权益保护法》第五十条规定，经营者侵害消费者的人格尊严、侵犯消费者人身自由或者侵害消费者个人信息依法得到保护的权利的，应当停止侵害、恢复名誉、消除影响、赔礼道歉，并赔偿损失。

经营者承担民事法律责任后，不排除根据其行为性质承担相应的刑事责任、行政责任或其他形式的法律责任。

三、解决消费者权益争议的途径

解决消费者权益争议的途径主要有以下五种。

1. 与经营者协商

协商是当事人双方在平等自愿的基础上，诚意地相互沟通、交换意见、解决纠纷的一种方式。协商有及时、直接、省时、省力等特点，对于较小的纠纷或讲信誉、重质量的经营者来说，能获得较满意的结果。但由于缺乏国家的强制力和约束力，协商有时可能达不到目的。协商解决问题时，应注意以下几个方面的问题。

① 坚持公平合理、实事求是的原则。在与经营者协商时，要阐明问题发生的事实经过，提出自己合理的要求，必要时可指明所依据的法律条文，以促成问

题尽快解决。

② 注意时效性。有些问题的解决具有时效性，像食品、饮料等产品的质量问题，以及身体受到伤害的伤情鉴定问题，一旦超过时间，检验机构无法检验。因此，这类问题需及时检验、鉴定，不要拖延。

③ 准备充分。准备好翔实、充足的证据和必要的证明材料。如果在证据确凿、事实明确的情况下，经营者还故意推诿、逃避责任，消费者应果断采取其他方式解决问题。

2. 向消费者协会投诉

消费者协会是依法成立的专门保护消费者合法权益的社会组织。消费者合法权益受到侵害时，向消费者协会投诉，是最常见的方式，能够顺利、有效地解决纠纷。消费者投诉时，要提供文字材料或投诉人签字盖章的详细口述笔录。其内容如下：投诉人的姓名、住址、邮政编码、电话号码等；被投诉方的单位名称、详细地址、邮政编码、电话号码等；所购商品或接受服务的日期、品名、牌号、规格、数量、计量、价格等；所受人身及财产损害，与经营者交涉的情况，自己的诉求；发票、保修证件等凭证的复印件和有关证明材料。未经消费者协会同意，消费者不要轻易将凭证、证明材料原件和商品实物寄出，以免丢失。比较重要的投诉，最好亲自将材料送交消费者协会，并进行补充口头说明。

3. 向有关行政部门申诉

消费者在购买使用商品或者接受服务受到损害时，可以向各级人民政府所属的与保护消费者权益有关的行政部门申诉，包括卫生、防疫、工商行政管理、价格管理、技术监督、进出口商品检验等部门。行政部门接到申诉后进行以下两方面的工作。

① 解决纠纷。经调查弄清事实，对纠纷进行调解，使双方经过自愿平等协商后，达成解决问题的协议。

② 行政制裁。对查证属实的经营者违法行为，依据国家有关法律、法规予以行政制裁。

4. 向法院提起诉讼

消费者还可以依法向人民法院起诉，法院依法审理后，作出判决或裁定，当事人自觉履行或人民法院强制执行而解决纠纷。

5. 申请仲裁

消费者和经营者同意仲裁，自愿将争议提交仲裁委员会，仲裁解决纠纷。我国各直辖市、省会城市和部分设区的城市设有仲裁委员会。仲裁实行一裁终局的制度，裁决作出后，就同一纠纷仲裁委员会或者人民法院不予受理。但当事人认为有足够理由不服裁决的，可在收到裁决书六个月内，向仲裁委员会所在地的中级人民法院申请撤销裁决。

第三节　殡葬服务合同及殡葬纠纷处理

目前，我国殡葬服务主要依靠签订合同的方式来进行，民政部行业标准规定了一些殡仪服务合同。这些格式合同规范了殡葬服务单位和治丧者之间的权利义务关系，为减少纠纷打下基础。

一、殡葬服务合同

殡葬服务合同是指殡葬服务机构与客户之间签订的各类服务协议，属于合同的一种。文件的名称上并不一定出现"合同"二字，有的称为"通知单""服务单""服务项目单""项目书""登记表"等。

殡仪服务中遗体变化的不完全可控性及近亲属情绪的不可控性，均可能成为殡葬服务单位的风险。作为殡葬服务单位，应充分预见可能出现的风险，并约定出现风险的责任。此外，殡仪馆使用的多是格式合同条款，免责内容应以黑体加粗字、换字体或颜色、要求抄录、写上已阅读或另加附页的方式等特别明显的表达方式引起注意，否则免责条款很可能被认定无效。

殡仪服务合同在制定和使用时应注意：合同条款语言准确、逻辑严密，对双方权利义务的设置一定要尽可能合理，格式条款尽可能有多项选择形式。以下是民政行业标准中出现的几种常见殡葬服务合同。

1. 2011年民政行业七项标准中的格式合同

2011年民政部发布了《殡葬服务术语》《遗体告别服务》《遗体火化服务》等七项服务标准，推荐给殡葬行业使用。主要有《殡仪服务合同》《遗体接收登记表》《遗体保存通知单》《遗体告别服务

2011年民政行业七项标准中的格式合同

项目洽谈表示例》《骨灰寄存协议》《骨灰撒海协议书》等。

2. 2012年民政行业公墓五项标准中的格式合同

2012年民政部发布了《公墓业务接待》《墓体制作服务》《公墓维护服务》等五项服务标准，相关协议与合同摘录主要有《留墓单》《定墓单》《墓位登记表》《墓位使用合同》《安葬服务通知单》《代客祭扫服务协议书》等。

2012年民政行业公墓五项标准中的格式合同

3. 2013年后的民政行业标准中的格式合同

为规范殡葬中介代理服务行为，2010年上海市推出地方标准，DB31/T 501—2010《殡葬代理服务规范》。2013年民政部发布行业标准MZ/T 047—2013《殡葬代理机构服务规范》，对殡葬中介服务机构业务承接、居间服务、礼仪服务、商品销售等服务内容、标准和执业要求进行规范。

《殡葬代理机构服务规范》中的格式合同

二、殡葬活动纠纷及处理原则

殡葬活动纠纷指殡葬活动当事人双方就殡葬服务机构的殡葬服务行为是否存在过失，该过失是否与不良后果存在因果关系，是否构成殡葬业务事故而争议的纠纷。

1. 殡葬活动纠纷的特点及种类

在殡葬服务过程中，常见殡葬活动纠纷如下。

① 业务接待。填写接运遗体地点时出错，造成殡仪馆接不到遗体；接听电话联系接运遗体，登记接运询问不到位，分辨不清真假；预定礼厅、墓穴时不注意发生漏写，造成适用礼厅重复、墓穴出售重复，使两户丧主争用同一时间礼厅或争用同一块墓地。

② 遗体接运。在医院接运遗体时，不认真核对，错接遗体；不轻抬轻放，严重损坏、损伤遗体，特别是面部、手部，造成遗体缺陷；在家中接运遗体时，没有与丧主核对逝者身上有无贵重遗物，造成双方矛盾；遗体接运时对遗体腐败情况不清，进殡仪馆后发现遗体已腐败。

③ 整容化妆。遗体身上的表示逝者身份的标识与遗体分离，无法确认遗体，

烧错遗体；更衣时穿错衣服。

④ 礼厅使用。遗体放入错误礼厅，造成纠纷；文字打印出错。

⑤ 遗体火化。遗体识别的标识错误；遗体混烧，造成混灰；收殓骨灰时不慎，造成骨灰盒损坏。

⑥ 骨灰寄存。没仔细核对姓名、火化编号，错发骨灰；骨灰盒装错骨灰；骨灰寄存室内的骨灰、骨灰盒失窃。

⑦ 公墓问题。墓碑刻错字，墓碑石料出现质量问题，墓穴落葬出错，墓穴内骨灰盒失窃。

2. 殡葬活动纠纷的认定条件及标准

殡葬活动纠纷必须具备以下五个条件。

① 民事主体合格。一般情况下，殡葬业务差错、事故的行为人是殡葬服务机构及其工作人员，也就是说，只有殡葬服务机构及其工作人员造成的殡葬消费者或殡葬服务对象的遗体、骨灰等损害，才构成殡葬业务差错或事故。

② 行为人主观故意或过失。故意是指行为人明知自己的行为会造成危害社会的结果，而希望和放任结果的发生。故意分为直接故意和间接故意，直接故意是希望结果发生，间接故意是放任结果发生。

过失有两种，过于自信的过失和疏忽大意的过失。过于自信的过失指行为人明知自己的行为会造成危害社会的结果，但轻信能够避免，从而给行为人造成危害结果的。疏忽大意的过失指行为人应当预见自己的行为会造成危害社会的结果发生，但由于疏忽而没有预见，从而造成危害结果的发生。

③ 必须是发生在殡葬服务提供过程引起的损害。

④ 有损害结果发生。提供殡葬服务的行为造成殡葬消费者的损失，殡葬消费者的损失包括人身损失、财产损失和精神损失。

⑤ 行为与结果之间必须有直接的因果关系。这里注意，非殡葬服务行为造成的损失不属于殡葬业务差错、事故，如殡葬消费者不配合为主要原因而造成的损失等。

3. 不属于殡葬业务差错、事故的情况

根据殡葬业务差错、事故的构成条件，并非所有发生的不良后果都属于殡葬业务差错、事故。

① 因殡葬消费者原因造成的不良后果。如丧事承办人错认遗体造成的。

② 不可抗力。人们不能预见、不可避免、不能克服的自然、社会现象客观情况。如自然灾害（台风、洪水、冰雹等）、停电等。

③ 意外事件。如由于遗体本身异常或特殊性，殡葬单位已经向家属说明情况，在现有条件下采取必要措施，仍旧无法避免遗体腐败的；或者经司法部门鉴定后，责任不属于殡葬单位的。

案例分析

案例一：因暴雨更改告别厅，殡仪馆是否承担责任

案情简介：

2022年4月26日，张奇（化名）因病离世，其子张兵（化名）到殡仪馆预定于2022年4月28日上午8点在市殡仪馆中元厅举行遗体告别仪式，约有200人参加，8点30分进行遗体火化。4月28日上午天降暴雨，8点15分只有少部分亲友到达殡仪馆，张兵要求调整到8点30分举行告别仪式。但是殡仪馆中元厅8点40分已经预定出去，没有办法满足张兵的要求，请张兵改到天齐厅，张兵不满意，要求殡仪馆承担违约责任。

案例二：客户能否与殡仪馆签两份合同

案情简介：

李明到殡仪馆签订殡葬服务合同后，看到遗体整容项目内容较少，想对遗体整容服务项目作具体规定，签订遗体整容合同。殡仪馆能不能和他签两份合同，两份合同的关系是什么？

案例三：因骨灰盒的质量问题产生纠纷

案情简介：

小赵父亲赵元林（化名）于2014年6月离世，他将父亲骨灰寄存在市殡仪馆，每年寄存费50元，小赵一次性交了10年的费用。2019年小赵出国工作，换了电话号码后忘记通知殡仪馆，殡仪馆一直无法联系上小赵。2021年，殡仪馆在例行检查中，发现赵元林骨灰盒外边有裂缝，部分骨灰外渗，急需更换骨灰盒。因为联系不上小赵，殡仪馆将赵元林骨灰放入密封袋后，装入破损的骨灰盒。2022年4月，小赵母亲离世，他到殡仪馆取回

父亲骨灰一起安葬，发现骨灰盒大部分破裂，父亲的骨灰装在袋子里。经查，小赵在殡仪馆外花 4000 元购买的骨灰盒是三无产品，品质低劣。小赵非常难受，觉得殡仪馆寄存骨灰的时候没有指出骨灰盒的质量问题，要求殡仪馆退还寄存费，并赔礼道歉。采取哪种方式解决殡仪馆和小赵之间的纠纷比较好？

第二章 案情分析

思考与练习

1. 简述格式合同的法律特征及限制条件。
2. 简述法律责任的含义、分类及构成要件。
3. 解决消费者权益争议的途径有哪些？
4. 简述殡葬活动纠纷的特点及种类。
5. 殡葬活动纠纷必须具备哪五个条件？
6. 简述不属于殡葬业务差错、事故的情况。

第二部分

- 第三章　临终、殡期服务法规与政策
- 第四章　遗体收殓、接运法规与政策
- 第五章　防腐整容法规与政策
- 第六章　遗体火化法规与政策
- 第七章　安葬、祭扫及墓地服务法规与政策

第三章
临终、殡期服务法规与政策

章前导读

临终与殡期服务是殡葬工作人员提供殡葬服务最起始的阶段。本章主要介绍殡葬工作人员在临终阶段与殡期阶段提供服务过程中应遵守的法规与政策，以及服务过程中遇到的法律问题。

学习目标

知识目标

① 了解生前契约的概念、特点、服务内容。
② 了解遗嘱与遗赠扶养协议中对遗体及丧葬事宜处理的相关规定。
③ 了解遗体捐献的相关规定。
④ 熟悉不同死亡情况的尸体处理方式。
⑤ 了解丧事承办人的概念及范围。

能力目标

能初步运用本章知识解决临终、殡期服务时遇到的法律问题，为殡葬服务对象提供合法、高品质的服务。

素养目标

培养殡葬工作人员关于临终、殡期服务的法律意识，尊重逝者生前和丧事承办人的意愿。

第一节　生前契约

一、生前契约的含义

生前契约，又称生前预约殡葬合同或生命契约，是指当事人在生前对身后事提前作出安排，即当事人（此处的当事人是购买服务的一方，为与生前契约另一方当事人相区别，以下称为购买人）依照自己的意愿，就本人去世后所需殡葬服务的种类、方式以及殡葬用品在生前作出安排，与保险公司或有资格提供服务和用品的殡葬服务经营者签订的合同。生前契约是逝者生前为自己的身后事做好妥当的安排，能很好地体现逝者的意愿，尊重往生者。生前契约价格明确，可进行比较评估，透明公道，可以固定未来殡葬开支的金额，有效避免通货膨胀。而且付款方式多，可一次性或分期付款，减轻家属负担，在一定程度上具有储蓄功能，或作为投资理财的工具。

生前契约发源于19世纪英国的遗嘱信托，20世纪初进入美国后蓬勃发展。目前生前契约在美国的普及率较高，日本、中国台湾地区也有较多的人选择签订生前契约。在我国大陆，生前契约起步较晚，进入殡葬服务市场时间不久，但随着人们对生死观念的改变、殡葬行业准则的规范及服务系统的完善，生前契约的服务市场逐渐发展。

二、生前契约的特征

（一）生前契约是双务合同

以合同双方当事人是否互负义务为划分标准，合同划分为单务合同和双务合同，生前契约是双务合同。在生前契约中，合同双方当事人在享有权利的同时，也承担相应的义务。保险公司或有资格提供服务和用品的殡葬服务经营者须按合同约定的"殡"和"葬"服务的种类、方式安排购买人的身后事，而购买人则需按合同约定支付相关的费用。合同双方的义务具有对价性。

（二）生前契约是要式合同

要式合同是从合同形式上来看的。合同形式是合同双方当事人将合意的意思表示表现于外部的形式，是合同内容的载体。《民法典》规定的合同形式有很多，有的要求必须具备一定的形式和手续，有的不要求必须具备一定的形式和手续。为维护购买人的合法权益，生前契约从合同形式上要求必须采用书面合同订立方产生效力。

（三）生前契约是附条件履行合同

合同有附条件合同和附期限合同，《民法典》第一百五十八条规定："民事法律行为可以附条件，但是根据其性质不得附条件的除外。附生效条件的民事法律行为，自条件成就时生效。附解除条件的民事法律行为，自条件成就时失效。"《民法典》第一百六十条规定："民事法律行为可以附期限，但是根据其性质不得附期限的除外。附生效期限的民事法律行为，自期限届至时生效。附终止期限的民事法律行为，自期限届满时失效。"

根据以上条款，附条件民事法律行为和附期限民事法律行为是针对民事法律行为生效和失效的规定。但生前契约在双方当事人签订书面合同后就已经生效，只是需在购买人去世后，保险公司或殡葬服务经营者才按合同内容履行，因此生前契约是附条件履行合同，而且所附条件也很特殊，既确定会到来但又不确定何时到来。

三、生前契约的内容

合同的内容是合同中经双方当事人协商一致，规定双方当事人权利义务的具体条文。合同的条款是合同的内容的体现。合同的内容一般是由当事人协商之后约定，但不可以违反法律的强制性规定，如果违反了法律的强制性规定，则合同无效或违反的部分无效。我国《民法典》第四百七十条规定："合同的内容由当事人约定，一般包括下列条款：（一）当事人的姓名或者名称和住所；（二）标的；（三）数量；（四）质量；（五）价款或者报酬；（六）履行期限、地点和方式；（七）违约责任；（八）解决争议的方法。当事人可以参照各类合同的示范文本订立合同。"这条规定就合同的常用条款给出了列举，当事人可以参考该规定来订立合同内容。

为保护购买人的权益，生前契约合同需明确列举和描述各方的权利和义务，主要具备以下内容。

（一）基本信息

包括合同双方当事人（购买人、生前预约提供服务者）及利害关系人的姓名或名称、住址、联系方式。由于生前契约的特殊性，提供服务者的主要义务是在购买人去世后履行的，因此对服务和物品的提供者有严格的限制。提供服务者必须是保险公司或有资格提供服务和用品的殡葬服务经营者，特别是殡葬服务经营者需取得相应的经营许可证，殡葬服务经营许可证书编号必须在合同中予以注明。此外，生前契约须明确购买人死亡时的联络人，以便保险公司和殡葬服务经营者提供服务。

（二）合同的主要服务项目

一般有以下几项：临终关怀，遗体接运，竖灵，入殓，治丧协调，奠礼准备，丧礼执行，火化封罐，后续服务。这些服务项目可由购买人自由选择、组合和增加，在不违反法律和社会公序良俗的前提下，充分尊重购买人的意愿。

（三）价款和付款方式

合同中应包含一个价目表，列举被提供物品和未来殡仪服务的价格。如不能保证价格不变，须说明价格可根据政府公布的价格上涨幅度进行相应的调整。合同还需载明购买人付款的时间、方式及宽限期。

（四）违约责任

合同中应规定，当事人一方不履行合同义务或者履行合同义务不符合约定的，应当承担继续履行、采取补救措施或者赔偿损失等违约责任。

（五）解决争议的方式

合同争议的解决方式主要有协商、调解、仲裁和诉讼。生前契约当事人可在合同中约定解决争议的方式。

合同的条款是否齐备、准确，决定了合同能否成立、生效，以及能否顺利地履行、实现订立合同的目的。殡葬工作人员在与购买人签订生前契约时，要与购买人讲清合同的内容，合同约定的内容越清楚、详细，双方的权利和义务越清晰，在很大程度上，日后出现纠纷的可能性就能减少。值得注意的是，因合同的履行发生在一方当事人死亡之后,合同内容监管的重点是殡葬物品及服务的提供者,强调的是经营者的义务。

四、生前契约的订立、变更与解除

(一) 生前契约的订立

根据《民法典》,合同订立要经过要约和承诺两个阶段,生前契约的订立也是如此。一般情况下生前契约订立过程是:一方当事人(主要是指保险公司或殡葬服务经营者)发出订立合同的要约;受要约人(主要是指购买人)同意该要约的,可以做出相应的承诺;双方当事人采取书面形式订立生前契约,并在合同上签字、盖章。合同成立生效后,合同双方当事人应按合同的约定全面、适当地完成合同义务。由于生前契约的特殊性,在实践中,购买人在签署合同后有10天的"冷静期",即给予购买人一个重新考虑的时间。在此期间购买人解约的,不用赔偿任何费用;"冷静期"满后撤销合同的,购买人应支付相应的违约金或赔偿金。

(二) 生前契约的变更

合同变更并非消灭原合同、设立新合同,而是在原合同继续存续的基础上,对原合同某些权利义务的内容作出修改。主要有双方协商变更、法院或仲裁机构的裁判行为变更和法律规定变更三种,这里主要指的是双方当事人协商变更。保险公司和殡葬服务经营者提供专业化服务,按合同规定严格履行,事先预约程序透明化、标准化,购买人的利益才能得到保障,生前意愿才能得到尊重。因此合同的变更主要由购买人提出,在双方协商一致的前提下,可就合同的部分内容进行更改。合同的更改也必须采用书面形式,双方签字、盖章方可变更。

(三) 生前契约的解除

如前所述,合同解除是指合同当事人一方或者双方依照法律规定或者当事人的约定,依法解除合同效力的行为。在生前契约中,购买人拥有解除合同的权利,提供服务的一方和逝者的继承人没有此项权利。由购买人提出,双方协商并规定合同解除和赔偿的方法,该合同方可解除,解除合同时必须双方签字、盖章。

生前契约案例

生前契约在我国还是新生事物，殡葬工作人员在签订生前契约和提供服务时一定要遵守相关法律法规和政策，避免产生不必要的纠纷。

第二节 遗体与遗体处理

一、遗体的性质

遗体是自然人死后身体的变化物，根据 GB/T 23287—2009《殡葬术语》的国家标准规定，将自然人死亡后的躯体统称为"遗体""遗骸"或"尸体"（本书采用"遗体"）。古籍对"遗体"有所描述，如唐代李商隐《为王侍御瓘谢宣吊并赙赠表》中的"降悯恻于上公，厚赙礼于遗体"；元代虞集《孝思亭记》中的"墓也者，遗体之所藏也"。我国古代称自己的身体为父母的"遗体"，西汉戴圣的《礼记·祭义》中有"身也者，父母之遗体也"。即使是在今天，亲人逝世，家属要为亲人的遗体举行祭奠仪式，以示对亲人逝世的悲痛及对亲人的缅怀，甚至还要祭奠、供奉逝者亡灵。对侵害他人遗体的人，社会舆论为之不齿。《中华人民共和国刑法》（以下简称《刑法》）第三百零二条规定："盗窃、侮辱、故意毁坏尸体、尸骨、骨灰的，处三年以下有期徒刑、拘役或者管制。"这条规定的是盗窃尸体罪和侮辱尸体罪，是指秘密窃取遗体置于自己实际支配之下或者对遗体采用毁坏、玷污等方法加以侮辱的行为。可见，无论在伦理道德还是法律层面上，遗体都包含着人们对自己身体的尊重和人格的尊重。

法律意义上的"物"是指独立于人身之外，能够为人力所支配，能够对人类有价值或满足人类的某种需要的有形物。必须同时具备以上特征才符合法律意义上的物，例如我们常见的阳光、空气，虽是我们人类不可缺少的物质，但由于不能完全为人力所支配，因此不是法律意义上的物。由于情感等原因，人们不愿意用"物"来界定遗体。但是，遗体的性质却实实在在地表现为物。

第一，《民法典》第十三条规定："自然人从出生时起到死亡时止，具有民事权利能力，依法享有民事权利，承担民事义务。"根据该条款，自然人一旦死亡，其民事权利能力则消失，逝者不再享有民事权利，即财产权和人身权。人格权是人身权的一种，从以上条款可以看出，虽然遗体负载了一定的伦理因素和道德因素，但我国不承认遗体上还残存有民事权利包括人格权。如果抛开遗体的人格因素，人的遗体和动物的遗体的组成成分、功能等并没有太大的差别，已经属于独立法律意义上的自然人身体之外的有形物。

第二，遗体具有一定价值。在精神上，遗体承载了逝者亲属的情感，人们通过丧礼表达对逝者的哀思，寄托着慎终追远的文化观念。在医学上，通过遗体捐献，很多器官移植患者可以获得生命。随着医学的发展，遗体对医学研究的作用也越来越大。

第三，依据我国《民法典》的框架来看，遗体中的人格意义消灭后，遗体从民事权利的主体转换为民事权利的客体。民事权利的客体有物、行为和智力成果。显然在民事权利的客体中，物与遗体的自然属性是相匹配的。

承认遗体的"物"性，是客观地观察、实事求是地界定遗体的法律属性，因此遗体是一种"物"最符合对我国现行法律的理解。在殡葬服务法律上认为遗体是"物"，但又具有一定的特殊性，特殊性主要在于以下几点。

① 遗体包含着一定的人格利益。遗体虽不是民事主体，但我国《民法典》对逝者的人格利益进行保护。《民法典》第九百九十四条规定："死者的姓名、肖像、名誉、荣誉、隐私、遗体等受到侵害的，其配偶、子女、父母有权依法请求行为人承担民事责任；死者没有配偶、子女且父母已经死亡的，其他近亲属有权依法请求行为人承担民事责任。"

② 遗体与其他的物相比，其道德和社会伦理内容更多、更丰富。大多数人将遗体用在丧礼与遗体告别，作为表达哀痛和思念的方式，侵害遗体对逝者近亲属造成的伤害主要是精神层面的。

③ 遗体具有唯一性和不可复制性。遗体是特定物，受到毁损或遗失后不可复制，不能以他物来替代。殡葬工作人员在提供殡葬服务时要关注遗体的特殊属性，避免因工作失误伤害逝者亲属的情感，造成不可挽回的损失。

二、遗体的处理权

遗体是特殊的物，在法律上就存在物权，根据我国《民法典》来看，最完整的物权是所有权，因此遗体的所有权的归属也存在争议。大多数人认为，由于人体在死亡后才能称之为遗体，民事权利始于出生，终于死亡，因此逝者本人不具有遗体的所有权。但遗体是逝者生前自己的身体，对逝者具有特殊的意义，因此法律上有条件地承认逝者生前对自己遗体的处理权，即逝者在不违反国家法律法规和社会公序良俗的前提下，可对自己的遗体拥有处理权。如果逝者生前对自己的遗体没有进行处理，遗体就作为物由逝者的继承人继承。

在法律法规上，遗体的处理主要通过《民法典》第六编继承中的遗嘱、遗赠扶养协议以及遗体捐献来规定。

三、《民法典》继承的相关规定

（一）继承的方式

我国《民法典》第六编"继承"规定，自然人死后其财产权利和义务由其继承人予以继承，继承的方式主要有三种。

《民法典》
第六编"继承"
（节选）

1. 法定继承

法定继承，是指按照法律直接规定的继承人范围、继承顺序和遗产分配原则等进行财产继承的一种继承制度。

法定继承人的范围有配偶、子女、父母、兄弟姐妹、祖父母、外祖父母，以及对公婆或岳父母尽了主要赡养义务的丧偶儿媳与丧偶女婿。法定继承顺序如下。第一顺序：配偶、子女、父母。对公婆或岳父母尽了主要赡养义务的丧偶儿媳与丧偶女婿，作为第一顺序继承人。第二顺序：兄弟姐妹、祖父母、外祖父母。继承开始后，由第一顺序继承人继承，第二顺序继承人不继承。没有第一顺序继承人继承的，由第二顺序继承人继承。

2. 遗嘱继承

遗嘱继承，又称指定继承，是法定继承的对称。是指被继承人生前通过立遗嘱的形式确定其个人财产在其死亡后的继承人及分配的法律制度。根据《民法典》，遗嘱有以下形式：自书遗嘱、代书遗嘱、打印遗嘱、录音录像遗嘱、口头遗嘱、公证遗嘱。

遗嘱人可以撤回、变更自己所立的遗嘱。立遗嘱后，遗嘱人实施与遗嘱内容相反的民事法律行为的，视为对遗嘱相关内容的撤回。立有数份遗嘱，内容相抵触的，以最后的遗嘱为准。

3. 遗赠

遗赠是指自然人以遗嘱的方式将其拥有的个人财产赠与国家、集体或者法定继承人以外的组织、个人，并于立遗嘱人死亡后发生法律效力的法律行为。

（二）继承中涉及殡葬服务的法律规定

1. 遗嘱

遗嘱是遗嘱人生前以遗嘱方式对其死亡后的财产归属问题所作的处分，因此遗嘱中有可能会涉及有关丧葬服务的方式、丧葬费用的支付及遗体的处理等问题。遗嘱体现逝者的意愿，在遗嘱合法有效的情况下应尊重逝者，严格按遗嘱执行。这里要指出的是，丧葬费、丧葬补助金、抚恤金不是逝者生前财产，不属于逝者的遗产范围，不能在遗嘱中进行分配。

2. 遗赠扶养协议

自然人可以与继承人以外的组织或者个人签订遗赠扶养协议。签订遗赠扶养协议，其目的在于使那些没有法定赡养义务人或虽有法定赡养义务人但无法实际履行赡养义务的孤寡老人，以及无独立生活能力的老人的生活得到保障。内容应明确具体地写出遗赠扶养双方各自的权利和义务。扶养人承担被扶养人生养死葬的义务，享有受遗赠的权利；被扶养人将个人的合法财产赠送给扶养人。在丧葬方面，被扶养人过世后的丧葬事务由扶养人负责，扶养人应当按照当地政策和风俗办妥被扶养人的丧葬事务。办理丧葬事务的费用首先由被扶养人去世后留下的财物支付，不足部分由扶养人承担。

四、遗体捐献

《民法典》第一千零六条规定："完全民事行为能力人有权依法自主决定无偿捐献其人体细胞、人体组织、人体器官、遗体。任何组织或者个人不得强迫、欺骗、利诱其捐献。完全民事行为能力人依据前款规定同意捐献的，应当采用书面形式，也可以订立遗嘱。自然人生前未表示不同意捐献的，该自然人死亡后，其配偶、成年子女、父母可以共同决定捐献，决定捐献应当采用书面形式。"因此，目前遗体捐献的形式主要有两种，一种是自然人在生前就自愿表示在其死亡后将遗体的全部或者部分捐献给医学科学事业；另一种是自然人在生前未表示是否捐献的意愿，自然人死亡后，由其家属将遗体的全部或部分捐献给医学科学事业。遗体的捐献以自愿为前提条件，一般来说遗体捐献的流程主要包括以下几个步骤。

第一，凡在本省（自治区、直辖市）居住、无偿地志愿捐献遗体者，可直接到登记接受站办理登记手续，也可与省（自治区、直辖市）红十字会联系，由省（自治区、直辖市）红十字会介绍到就近的登记接受站办理登记手续。

第二，志愿无偿捐献遗体者需填写申请，后到附近公证处办理公证。同时，登记接受站要向正式登记者颁发由省（自治区、直辖市）红十字会统一印制的"志愿捐献遗体纪念证"。

第三，生前未办理志愿捐献遗体申请登记手续的，但本人临终前或死后其直系亲属要求志愿捐献遗体，要取得逝者工作单位或公证处证明后，才能到登记接受站办理接受捐献遗体的手续。

第四，志愿捐献遗体者可以变更或撤销登记。但要先办理变更或撤销登记申请公证。

由此可见，遗体捐献遵循自愿、无偿的原则，这是对自然人的捐献意愿的尊重。自然人生前表示捐献意愿的，任何组织或者个人不得改变其捐献意愿。自然人生前表示不同意捐献遗体的，任何组织或者个人不得违背其生前意愿，不得强迫、欺骗或者利诱他人捐献遗体。《中华人民共和国刑法修正案（八）》第三十七条第三款规定："违背本人生前意愿摘取其尸体器官，或者本人生前未表示同意，违反国家规定，违背其近亲属意愿摘取其尸体器官的，依照本法第三百零二条的规定定罪处罚。"《刑法》第三百零二条即前面所说的盗窃尸体罪和侮辱尸体罪。我国法律规定，禁止以任何形式买卖遗体，以及从事与买卖遗体有关的活动，这是对遗体这种特殊"物"的尊重。

《上海市遗体捐献条例》（节选）

《人体器官移植条例》（节选）

第三节 死亡相关法规与政策

死亡是生命的终结，是殡葬活动的开端。自然人的死亡包括自然死亡和宣告死亡两种。自然死亡，又叫生理死亡或绝对死亡，是指公民生理机能的绝对终止，生命的最终结束。关于自然死亡，医学上有临床死亡、生物学死亡和脑死亡。世界上大多数国家以心跳停止和呼吸停止作为自然死亡的一般标志。宣告死亡，又叫推定死亡或相对死亡，是指公民下落不明，超过了法律规定的时间，经利害关系人的申请，由司法机关依照法定程序和方式宣告该公民死亡的一种法律推定。本节所称的"死亡"主要是指自然死亡。

死亡分正常死亡和非正常死亡。法律对正常死亡与非正常死亡在殡葬活动中的规定不同。

一、正常死亡的处理规定

在医院、居住地、集体宿舍和公共场所病死或年老死亡的，谓正常死亡。正常死亡由医疗卫生机构出具《居民死亡医学证明（推断）书》（以下简称《死亡证》），它是说明居民死亡及其原因的医学证明。2013年，国家卫生计生委、公安部、民政部联合发出《关于进一步规范人口死亡医学证明和信息登记管理工作的通知》，其主要规定有以下两点。

（一）《死亡证》的签发

《国家卫生计生委公安部民政部关于进一步规范人口死亡医学证明和信息登记管理工作的通知》规定，人口死亡医学证明是医疗卫生机构出具的、说明居民死亡及其原因的医学证明。自2014年1月1日起，各地医疗卫生机构使用全国统一制定的新版《死亡证》。《死亡证》共四联。《死亡证》签发对象为在中国大陆死亡的中国公民、台港澳居民和外国人（含死亡新生儿）。《死亡证》签发单位为负责救治或正常死亡调查的医疗卫生机构。《死亡证》签章后生效。医疗卫生机构和公安部门必须准确、完整、及时地填写《死亡证》四联（后三联一致）及《死亡调查记录》，严禁任何单位和个人伪造、私自涂改。死者家属遗失《死亡证》，可持有效身份证件向签发单位申请补发一次。补发办法如下：已办理户籍注销及殡葬手续的，仅补发第三联；未办理户籍注销及殡葬手续的，补发第二至第四联。未经救治的非正常死亡证明由公安司法部门按照现行规定及程序办理。

《国家卫生计生委公安部民政部关于进一步规范人口死亡医学证明和信息登记管理工作的通知》（节选）

《居民死亡医学证明（推断）书》（共四联）

（二）《死亡证》的使用

《死亡证》是进行户籍注销、殡葬等人口管理的凭证，由卫生计生、公安、民政部门共同管理。死者家属持《死亡证》第二、三、四联向公安机关申报户籍注销及签章手续。公安机关凭第二联办理死者户籍注销手续，加盖第三、四联公章（在医疗卫生机构内死亡者，第四联无需公安机关签章）。死者家属持第四联《居民死亡殡葬证》到殡仪馆办理尸体火化手续，殡仪馆凭第四联办理殡葬手续。《死亡证》第一联是原始凭证，由出具单位随病案保存或按档案管理永久保存，以备查询。第二联由死者户籍所在地公安部门永久保存。第三联由死者家属保存，第四联由民政部门收集保存。纸质《死亡证》由卫生计生部门统一印制，发放范围为不具备打印条件的基层医疗卫生机构。

二、非正常死亡的处理规定

非正常死亡是指由外部作用导致的死亡，包括火灾、溺水等自然灾难致死，或工伤、医疗事故、交通事故、自杀、他杀、受伤害等人为致死（含无名尸）。非正常死亡人员的遗体，应当由公安机关提供由其认定的死亡性质及死亡证明；如遗体有腐变或缺损的，医院或公安机关须在死亡证明上加以注明并提出处理意见。

非正常死亡的规定大多由地方各级人民政府及部门出台相关规定和政策，如上海市《关于处理非正常死亡尸体的试行办法的通知》、天津市《关于非正常死亡尸体火化的暂行办法》、青岛市《非正常死亡尸体火化规定》等。这些地方规定和政策主要规定非正常死亡的情形、各类非正常死亡的检验或鉴定部门、非正常死亡的保留期限等。

三、几种特殊情况的处理规定

（一）无名尸体处理

无名尸体是指不知姓名又无主认领的尸体。无名尸体由公安部门检验或鉴定后，公告查找死者亲属；公告后十五日内无人认领的尸体，交殡仪馆火化处理。

（二）传染病死亡遗体处理

根据《中华人民共和国传染病防治法》（以下简称《传染病防治法》）规定，传染病分为甲类、乙类和丙类。患甲类传染病、炭疽死亡的，应当将尸体立即进行卫生处理，就近火化。患其他传染病死亡的，必要时，应当将尸体进行卫生处理后火化或者按照规定深埋。为了查找传染病病因，医疗机构在必要时可以按照国务院卫生行政部门的规定，对传染病病人尸体或者疑似传染病病人尸体进行解剖查验，并应当告知死者家属。

国家卫生健康委员会、民政部还规定：因患甲类传染病、炭疽死亡和国家规定的其他传染病死亡以及腐变的遗体，应当按照国家有关规定将遗体进行卫生处理后方可接运，并就近火化；在核对死者身份证明和办理有关火化手续后，直接将遗体送火化车间火化，一律不得外运，不得进行防腐保存，不得举行遗体告别仪式，不得利用遗体进行其他形式的丧葬活动。死者用过的物品，原则上不再保留。

（三）强制隔离戒毒人员死亡处理

根据国家禁毒委员会办公室、公安部、司法部、国家卫生和计划生育委员会、民政部联合制定的《强制隔离戒毒人员死亡处理规定》，戒毒人员死亡分为正常死亡和非正常死亡。戒毒人员死亡后，强制隔离戒毒所应当立即通知其近亲属，报告所属公安机关或者司法行政部门，并通报原决定机关。死亡的戒毒人员无近亲属或者无法通知其近亲属的，强制隔离戒毒所应当通知死亡戒毒人员户籍所在地或者居住地的村（居）民委员会或者公安派出所。戒毒人员因传染性疾病死亡的，应当立即通报当地疾病预防控制机构。

《强制隔离戒毒人员死亡处理规定》（节选）

对死亡戒毒人员无近亲属或者无法通知其近亲属，以及死亡戒毒人员的近亲属无正当理由拒不到场，或者拒绝签名和盖章的，不影响尸检，但是公安机关或者司法行政部门应当在《解剖尸体通知书》上注明，对尸体解剖过程进行全程录像，并邀请与案件无利害关系的人员或者死者近亲属聘请的律师到场见证。

死亡戒毒人员的近亲属对死亡调查结论无异议的，应当在调查结论告知书上签字确认，公安机关或者司法行政部门应当及时火化尸体。除法律、法规另有规定外，死亡戒毒人员尸体交由就近的殡仪馆火化处理。死亡戒毒人员患传染病且容易造成传播的，尸体和遗物等按照国家有关规定执行。

（四）外国人在华死亡处理

根据外交部、最高人民法院、最高人民检察院、安全部、司法部联合发布《关于处理涉外案件若干问题的规定》的附件《外国人在华死亡后的处理程序》，以及民政部、公安部、外交部《关于外国人在华死亡后处理程序有关问题的实施意见》，对外国人在华死亡处理进行规定。

《关于外国人在华死亡后处理程序有关问题的实施意见》

发现外国人在华死亡，应立即通知死者接待或聘用单位或当地公安机关、人民政府外事办公室。如属正常死亡，善后处理由接待或聘用单位负责。无接待或聘用单位的（包括零散游客），由公安机关会同有关部门共同处理。如属非正常死亡，应保护好现场，由公安机关进行取证并处理。尸体在处理前应妥善保存（如防腐、冷冻）。

在华死亡外国人的尸体，可在当地火化，亦可运回其国内。处理时，应尊重死者家属或所属国家驻华使、领馆的意愿。尸体火化应由死者家属或所属国家驻华使、领馆提出书面要求并签字，由当地殡仪馆负责火化，骨灰由他们带回或运回其国内。根据外方要求，在尸体火化或运回其国内前，可为死者举行简单的追悼仪式，可将追悼仪式拍照送死者家属。如外方要求举行宗教仪式，应视当地条件，如有教堂和相应的神职人员，条件允许，可安排举行一个简单的宗教仪式。宗教仪式应在我国规定的宗教场所举行。

如外方要求将死者在我国土葬，应以我国殡葬改革，提倡火葬为由，予以婉拒。如外方要求将骨灰埋或撒在我国土地上，一般亦予以婉拒。但如死者是对我国做出特殊贡献的友好知名人士，应报请省级或部级民政部门决定。

对于生前患有甲类传染病，或者乙类传染病中传染性非典型肺炎、炭疽中的肺炭疽和人感染高致病性禽流感的遗体，死者家属、亲友、接待人或者聘用单位应当配合医疗卫生机构，做好遗体消毒处理后，立即送往死亡发生地殡仪馆火化。

第四节　殡期丧事活动法规与政策

殡期是悼念和安葬逝者一系列活动及相关礼仪的开端，为规范和引导殡期活动,我国法律、法规、政策及相关标准对此进行了一些规定。

一、丧事承办人

丧事承办人是指承办逝者丧事的人或组织,包括逝者的家属或法律法规规定的有关组织。一般来说,逝者的继承人或者受其继承人委托的人可以为其办理丧事;逝者没有继承人的,其监护人、遗赠扶养人、其他亲友,以及其生前所在单位、户口所在地或者临终居住地的村(居)民委员会等可以为其办理丧事。《民法典》第一千一百四十五条规定:"继承开始后,遗嘱执行人为遗产管理人;没有遗嘱执行人的,继承人应当及时推选遗产管理人;继承人未推选的,由继承人共同担任遗产管理人;没有继承人或者继承人均放弃继承的,由被继承人生前住所地的民政部门或者村民委员会担任遗产管理人。"根据该规定,逝者生前住所地的民政部门或者村民委员会在特殊情况下,可以办理丧事。

丧事承办人办理丧事,应自取得死亡证明有效期内到相关机构和殡葬场所办理手续。办理手续时应提交有效身份证件和医院或者区级以上公安机关出具的死亡证明并签署遗体处理意见书,医院、公安机关、司法机关或者民政部门办理丧事手续的应当提供遗体处理意见书。

在规定期限内,丧事承办人不办理丧事手续的,有关组织或殡葬机构应当以书面或者在本市主要媒体上公告通知丧事承办人限期办理。自通知送达或者公告发布之日起60日内仍未办理的,有关组织或殡葬机构可以按规定对遗体进行处理,如将遗体进行火化、将骨灰送公墓深埋等。

医疗机构、公安部门、司法部门以及民政部门的救助、福利机构办理丧事手续的,应当指派工作人员作为丧事承办人,按照规定办理相关事宜。

二、殡葬代理服务

丧葬服务与民生息息相关,在我国主要由殡葬服务机构从事丧葬服务。殡葬服务机构是指提供临终服务、遗体收殓和接运、遗体防腐整容、承办丧事活动、遗体火化以及骨灰安葬等"殡"和"葬"服务的组织机构,包括殡仪馆、火葬场、殡仪服务站、公墓、骨灰堂及殡葬代理机构。目前,经营殡期丧事服务的机构主要是殡葬代理机构。民政部于 2013 年发布的《殡葬代理机构服务规范》（MZ/T 047—2013）对从事殡葬代理服务的经营性机构应具备的机构资质、服务设施设备、服务人员、服务内容、服务流程、服务质量、服务评价与改进等进行了规定。

（一）殡葬代理机构资质要求

殡葬代理机构应具有当地工商行政管理机关注册登记的企业法人证书。可见，殡葬代理机构必须是能独立享有民事权利并承担民事义务的组织，不能是个人，也不能是个人合伙和个体工商户。

（二）殡葬代理机构设施设备要求

应具备适应其服务规模的独立固定的营业接待场所。在营业接待场所外应设置含殡葬代理机构名称的外观标识；在营业接待场所以不同形式展示工商营业执照，代理服务人员姓名、工牌号及照片，代理服务业务流程，代理服务项目及其价格表，行政管理部门的监督电话等内容；在营业接待场所应设置相适应的办公物品、岗位铭牌、服务项目介绍册等办公设备和服务设备。

（三）殡葬代理机构服务人员要求

代理服务人员需具备高中以上学历水平，按规定接受行政管理部门的定期培训、资质审验和常规管理；接受相关专业知识和技能的培训，持有行政管理部门核发的上岗证书或资格证书。涉外代理服务人员除符合以上要求外，还需具备大专以上学历水平，具备英语或其他语种的听、说、读、写能力，掌握涉外丧事相关法规要求，熟悉涉外丧事代理服务操作流程。

三、丧事活动管理

丧事承办人举办丧事活动时应当遵守法律、法规和有关公共管理的规定，不得占用城市街道、广场等公共场所停放遗体、搭设灵棚，不得妨碍公共秩序、危害公共卫生安全，不得侵害他人的合法权益，在户外办理祭奠活动不得使用明火等。

同时，国家政府和地方各级政府提倡移风易俗，丧事从简，尤其要求党员同志和高级干部应带头推动殡葬改革。2013 年，中共中央办公厅、国务院办公厅印发的《关于党员干部带头推动殡葬改革的意见》指出,党员、干部带头推动殡葬改革,是移风易俗,发扬社会主义新风尚的应尽责任;是推动文明节俭治丧,减轻群众丧葬负担的重要途径;是加强党风政风建设,树立党和政府良好形象的必然要求;是解决人口增长与资源环境矛盾,造福当代和子孙后代,促进经济社会可持续发展的迫切要求。党员、干部应当带头文明治丧,简办丧事。要在殡仪馆或合适场所集中办理丧事活动,自觉遵守公共秩序,尊重他人合法权益,不得在居民区、城区街道、公共场所搭建灵棚。采用佩戴黑纱白花、播放哀乐、发放生平等方式哀悼逝者,自觉抵制迷信低俗活动。除国家另有规定外,党员、干部去世后一般不成立治丧机构,不召开追悼会。举行遗体送别仪式的,要严格控制规模,力求节约简朴。对于逝者生前有丧事从简愿望或要求的,家属、亲友以及所在单位应当予以充分尊重和支持。严禁党员、干部特别是领导干部在丧事活动中大操大办、铺张浪费,严禁借机收敛钱财。

四、殡期丧事活动的法律责任

法律责任是指违法者(包括个人和组织)对违法行为应承担的具有强制性的法律上的责任。法律责任主要有刑事法律责任、行政法律责任和民事法律责任。在殡期服务阶段,主要涉及民事法律责任。《殡葬管理条例》第二十一条规定:"办理丧事活动妨害公共秩序、危害公共安全、侵害他人合法权益的,由民政部门予以制止;构成违反治安管理行为的,由公安机关依法给予治安管理处罚;构成犯罪的,依法追究刑事责任。"

除此之外,因殡葬服务机构的过失,造成丧事承办人经济、精神损失的,应给予丧事承办人一定的赔偿。非殡葬服务机构的过错或不可抗拒的因素(如自然灾害、战争等)造成当事人经济、精神损失的,殡葬服务机构不负责赔偿。现实生活中,免除责任的几种主要情形有:丧事承办人自身的过错造成的损失;在遗体可能发生损坏前,殡葬服务机构向丧事承办人作了说明,并作了必要的努力,仍发生意外的;遗体严重腐败,经司法部门鉴定后,责任不属于殡葬服务机构的。

殡葬服务是殡葬改革的重要组成部分,殡葬服务机构既具有社会公益性,又具有市场服务性。殡葬服务机构在工作中应主动承担社会责任,依法依规提供服务,引导群众节俭办丧,倡导文明殡葬。

案例分析

案例一：妻子讨去世丈夫遗体所有权

案情简介：

逝者李刚（化名）与妻子张蕾（化名）生有一女，生前因感情不和，李刚曾向法院起诉要求与张蕾离婚。后李刚生病住院，住院期间由其姐姐李丽（化名）照顾。李刚在有见证人在场的情况下，口述了一份声明，由他人代书。声明中称："第一，我不想再见张蕾。第二，如果有一天我死了，我也不想再让张蕾见我，我的后事全权交给姐姐处理。第三，也别让孩子再见我了，孩子还小，我想在她心里留下一个父亲的好形象。"住院一段时间，李丽和儿子在未通知张蕾母女的情况下，将李刚转到其他医院，并且拒不告诉张蕾母女李刚的下落。李刚生病住院至死没有再见妻女一面。

李刚去世后1个月，李丽才将骨灰存放证交给张蕾母女并告诉她们李刚已于1个月前死亡。张蕾以李丽为被告诉至法庭，认为自己的亲人遗体所有权和哀思权被严重侵犯，要求李丽提供丈夫的死亡证明，并赔偿精神损失5万元。李丽在法庭上提供李刚住院期间的声明，声称张蕾与李刚之间早已没有夫妻感情，她是按照李刚的遗嘱办理李刚身后事。

法院经审理认为，李刚生病住院期间的声明合法有效，根据该声明，李丽有李刚遗体的处理权，李丽没有侵犯张蕾母女的遗体所有权。至于哀思权，法院认为，寄托哀思有多种方式。据此驳回张蕾的诉讼请求。

案例二：遗赠扶养协议引纠纷

案情简介：

张大爷（化名）原本有一个幸福的家庭，但在其退休后某日独子在工作岗位猝死，儿子未婚育。三年后，张大爷的妻子也因病去世。年老的张大爷虽有退休金和一套价值200万元的房产，但生活孤独，其一兄一妹在外地，也很少来往。张大爷的邻居小陈夫妇见张大爷孤独无依，就经常看望和照顾张大爷。张大爷80岁时与小陈夫妇签订遗赠扶养协议，并到公证机关进行了公证。协议的主要内容是小陈夫妇负责张大爷的生养死葬，张大爷在去世后将其名

第三章
案情分析

下的存款与房产赠与小陈夫妇。小陈夫妇照顾张大爷五年后，张大爷因病去世。小陈夫妇办理了张大爷的身后事之后，张大爷的哥哥和妹妹从外地赶来，认为他们两人才是张大爷财产的合法继承人，张大爷的财产应归他们所有。

思考与练习

1. 什么是生前契约？生前契约有哪些特征？
2. 生前契约的服务内容有哪些？
3. 简述继承的几种方式。
4. 试述遗嘱和遗赠扶养协议中与殡葬活动有关的内容。
5. 什么是正常死亡和非正常死亡？
6. 强制戒毒人员死亡应怎么处理？
7. 什么是丧事承办人？
8. 免除殡葬服务机构责任的情形有哪些？

第四章
遗体收殓、接运法规与政策

章前导读

遗体收殓、接运服务是现代殡仪服务的重要一环,其历史变化也反映了殡仪服务的进步。本章主要介绍殡葬工作者在遗体收殓、接运阶段提供服务过程中应遵守的法规、政策、服务标准,以及服务过程中遇到的法律问题。

学习目标

知识目标

① 了解遗体收殓的原则。
② 了解遗体收殓技术处理的有关要求。
③ 熟悉重大突发事件遇难人员遗体收殓处置的有关规定。
④ 熟悉遗体接运的基本要求。
⑤ 掌握涉外遗体装殓的有关规定。
⑥ 掌握办理遗体接运手续的相关规定。
⑦ 掌握遗体接运过程的有关法律实务。

能力目标

能初步运用本章知识解决遗体收殓、接运服务过程中遇到的法律问题,为服务对象提供合法、高品质的服务。

素养目标

具有敬畏生命、慎终追远、善待逝者、慰藉生者的专业品质,以及诚信守纪、团结协作、爱岗敬业、文明操作、温情服务的职业道德,具有高度的集体意识、社会责任心及安全防护法律意识。

第一节　遗体收殓法规与政策

遗体收殓是指将逝者完整或不完整的遗体装入殓尸袋或卫生棺的过程。这是遗体接运的必要环节，也可作为一个单独的服务阶段来考量。

一、遗体收殓的原则要求

在《重大突发事件遇难人员遗体处置工作规程》（民发〔2017〕38号）中明确提出：处置遇难人员遗体应当依法规范、以人为本、审慎稳妥，维护逝者尊严，尊重少数民族丧葬习俗；对于患传染病死亡的遇难人员遗体，殡仪服务机构应当设立临时的殡仪服务专用通道，与非患传染病死亡的遗体隔离处置，为相关管理服务人员配备防护设备并进行安全培训。

《重大突发事件遇难人员遗体处置工作规程》（节选）

上述要求虽然是针对重大突发事件遇难人员遗体而言，但同样可运用于日常遗体收殓运作中，作为日常遗体收殓的基本原则，突出强调日常遗体收殓卫生安全的重要性。

二、遗体收殓的技术处理要求

对于遗体收殓，相关的法规与政策并无具体、系统的规定，其他地方性行政法规、行政规章对此要求也不多，相应的技术处理要求多存在于国家标准和行业标准中，属于《民法典》中"公序良俗"的范围。《接运遗体服务》（GB/T 26374—2010）提出：对普通遗体进行消毒与包扎；对特殊遗体进行安全处理；特殊遗体的消毒处理按《疫源地消毒总则》（GB 19193—2015）的相关规定执行。但对收殓技术处理要求并不具体。而在《遗体收殓运输卫生技术规范》（MZ/T 135—2019）中，遗体收殓操作的规定要求却比较具体且全面。

（一）对遗体收殓服务人员的基本要求

《遗体收殓运输卫生技术规范》（MZ/T 135—2019）规定：遗体收殓机构应加强对遗体收殓人员的卫生知识培训和技能指导，培训内容应包括《中华人民共和国传染病防治法》（以下简称《传染病防治法》）相关内容、遗体消毒、殓尸袋的正确使用、污染严重的器械工具消毒、固体废弃物处理、职业卫生防护等。

遗体收殓服务人员应做好充分的个人卫生防护，工作前应根据遗体的类别选用不同防护类别的手套、口罩及防护服等防护用品：标准防护，收殓Ⅲ类遗体时，收殓、运输人员宜选用一次性聚乙烯手套、医用口罩、工作服等基本防护用品；加强防护，收殓Ⅰ类、Ⅱ类遗体时，收殓、运输人员应使用一次性医用橡胶手套、医用防护型口罩、防护服或隔离衣、防护帽、护目镜（防护面罩）等防护用品。使用个人防护用品，避免直接接触遗体及其血液、体液、排泄物、损伤的皮肤、黏膜，以及被这些物质污染的物品；避免喷溅，防止经空气飞沫传播污染；接触污染物品后立即洗手；及时处理污染物，保持环境清洁。

（二）遗体分类

待收殓的遗体按遗体携带传染性病原体的危害程度分为Ⅰ类遗体、Ⅱ类遗体和Ⅲ类遗体。

Ⅰ类遗体感染传染性病原体的种类包括：鼠疫、霍乱、传染性非典型肺炎、炭疽中的肺炭疽、人感染高致病性禽流感和朊病毒。

Ⅱ类遗体感染传染性病原体的种类包括：艾滋病、病毒性肝炎、脊髓灰质炎、麻疹、流行性出血热、狂犬病、流行性乙型脑炎、登革热、炭疽、细菌性和阿米巴性痢疾、肺结核、伤寒和副伤寒、流行性脑脊髓膜炎、百日咳、白喉、新生儿破伤风、猩红热、布鲁氏菌病、淋病、梅毒、钩端螺旋体病、疟疾、流行性感冒、流行性腮腺炎、急性出血性结膜炎、麻风病、流行性和地方性斑疹伤寒、黑热病、包虫病，除霍乱、细菌性和阿米巴性痢疾、伤寒和副伤寒以外的感染性腹泻病。

Ⅲ类遗体感染传染性病原体的种类包括：Ⅰ类及Ⅱ类所列除外的传染病。

腐败遗体以及不明原因死亡遗体按照Ⅱ类遗体处理。

（三）遗体收殓过程的消毒要求

遗体收殓服务机构应配备合法有效的消毒剂、消毒设备、殓尸袋和个人防护用品；应保证消毒卫生材料符合国家有关的安全要求，并定期检查、更新。遗体及环境消毒可选择含氯类、含溴类、过氧化物类、醛类、含碘类、双胍类、季铵盐类、醇类等的消毒剂，消毒设备可选择喷雾器、紫外线消毒灯、车载消毒器等，具体消毒操作可参照《消毒技术规范》和《医疗机构消毒技术规范》（WS/T

367—2012）相关要求。

遗体收殓必须根据待收殓遗体的死亡原因、场所制定不同的消毒卫生处理方案及程序。收殓不同场所遗体的消毒卫生处理程序如下。

第一，在医院死亡的遗体，医务人员应注明遗体死亡原因，按遗体分类进行标识。医务人员宜对Ⅱ类、Ⅲ类遗体进行消毒卫生处理并标识，如医务人员未作处理，收殓服务人员应及时询问相关人员，了解死亡原因，并做好遗体消毒及分类标识。对于Ⅰ类遗体，《中华人民共和国传染病防治法实施办法》明确规定："因患鼠疫、霍乱和炭疽病死亡的病人尸体，由治疗病人的医疗单位负责消毒处理，处理后应当立即火化。患病毒性肝炎、伤寒和副伤寒、艾滋病、白喉、炭疽、脊髓灰质炎死亡的病人尸体，由治疗病人的医疗单位或者当地卫生防疫机构消毒处理后火化。"非常明确要求，Ⅰ类遗体应由卫生、疾病预防控制机构按照要求进行消毒、包扎处理后，遗体收殓运输人员方可接收并就近火化处理，所以不在殡葬服务机构遗体收殓服务人员的工作范围内。

第二，居家死亡的遗体，遗体收殓运输人员接到遗体时应询问相关人员，详细了解死因、死亡时间，判断遗体有无传染性疾病，并做好遗体分类标识。

第三，死亡于其他场所的遗体，遗体收殓运输人员应向相关人员了解死因、死亡过程，查看遗体体表的迹象和腐败现象，判断遗体有无腐败、腐败的程度及有无传染性，并做好遗体分类标识。任何受血液或体液污染的遗体，宜使用含有效氯为1000mg/L～2000mg/L的含氯消毒剂或其他合法有效的消毒产品喷雾消毒，将消毒剂均匀喷到遗体表面。遗体表面如有外伤创面，宜使用含有效氯为1000mg/L～2000mg/L的含氯消毒剂或其他合法有效的消毒产品喷雾创面。

（四）遗体收殓过程的处置技术要求

遗体收殓服务人员应根据遗体不同死亡原因选用不同类别的殓尸袋。殓尸袋可分为三类：普通型殓尸袋（Ⅲ型），用于收殓Ⅲ类遗体，其标识为绿色；非透过型殓尸袋（Ⅱ型），用于收殓Ⅱ类遗体及腐败遗体、不明原因死亡遗体，其标识为橙色；特殊型殓尸袋（Ⅰ型），用于收殓Ⅰ类传染病、严重化学性中毒、出现强腐蚀性等情况的遗体，其标识为红色。所用殓尸袋必须满足以下要求：外观颜色应避免与标识牌颜色一致；应具有一定抑菌、密封、防渗透作用；应具备足够的承重强度，避免因搬运和温度变化导致袋体破裂。

将消毒后的遗体装入殓尸袋中，或将装入殓尸袋的遗体放入一次性卫生纸棺中,并做好标记。收殓Ⅰ类遗体、Ⅱ类遗体后,应对殓尸袋的外表面进行喷雾消毒。遗体废弃物、从遗体身上脱下的衣物以及包装物等消毒后不能重复使用的,应焚毁处理。收殓完成后,用1%的过氧乙酸或其他合法有效消毒产品对遗体周围的环境进行消毒。遗体收殓运输人员脱下的口罩、手套、防护服等,能够继续使用的应作消毒处理,不可重复使用的应进行焚毁处理。

三、重大突发事件遇难人员遗体收殓

事发地疾病预防控制机构应当指导做好与遇难人员遗体处置相关的卫生防疫工作,加强传染病疫情防控,消除相关公共卫生风险。遇难人员遗体处置工作结束后,疾病预防控制机构应当指导殡仪服务机构做好设施设备清理消毒、殡仪废弃物无害化处理等后续工作。也就是说,重大突发事件遇难人员遗体收殓的消毒工作必须由事发地疾病预防控制机构全程介入执行,遗体收殓服务人员必须严格按照消毒操作规程协助做好消毒工作,这是对遗体存在或可能存在致病传染性隐患的预防性处置操作要求。

《重大突发事件遇难人员遗体处置工作规程》同时明确提出:遇难人员遗体运至殡仪服务机构后,由殡仪服务人员按照操作规程对遗体进行消毒和初步整理;提供告别服务前,可以对遇难人员遗体进行必要的整容或整形,并将遗体入殓。对严重变形或受损的遗体,应当采用技术手段谨慎处理。这是考虑到事件发生地的安全隐患,因此要求遗体收殓要在殡仪馆内操作,入殓前可视遗体变形或受损情形进行必要的整容或整形,主要针对非传染性突发重大事故遗体而言,但也必须严格按照消毒操作规程做好消毒工作。

同时,承担应急任务的殡仪服务和安葬服务机构应当建立遇难人员遗体处置档案,做好遗体接运、存放、告别、火化或土葬、骨灰移交等相关信息记录与保存工作,并确保信息安全。所以,在完成遗体收殓过程后,必须做好收殓过程相关信息的详细记录并及时存档。

四、涉外遗体的装殓规定及操作要求

涉外遗体的装殓必须按照民政部等八部局联合制定的《关于尸体运输管理的若干规定》(民事发〔1993〕2号),以及《国际运尸 木质棺柩》(GB/T 26342—

2010)、《入出境棺柩消毒处理规程》（SN/T 1212—2003）、《入出境尸体、棺柩、骸骨卫生检疫查验规程》（SN/T 1320—2010）、《入出境尸体和骸骨卫生处理规程》（SN/T 1334—2003）严格执行。

(一) 涉外遗体处置服务单位的资质要求

《关于尸体运输管理的若干规定》明确规定：对国际间运送遗体实行统一归口管理，凡由境内外运或由境外内运遗体和殡仪活动，统一由中国殡葬协会国际运尸网络服务中心和各地殡仪馆负责承办，其他任何部门（包括外国人在中国设立的保险或代理机构）都不得擅自承揽此项业务；涉外遗体只能由中国殡葬协会国际运尸网络服务中心或分设在国内的地方机构承运。因此，没有取得中国殡葬协会国际运尸网络服务中心授权的殡仪馆不得承接涉外遗体接运的相关服务。

(二) 涉外遗体的收殓程序及操作要求

在追悼仪式结束后，由遗体接运工负责将遗体入殓，并闭合棺木上盖，对棺木进行三层包装的密封处理。根据国际运输卫生检疫的有关规定，从中国运往国外的棺柩，无论是木质的还是金属质的，都需要在棺木外依据棺木的尺寸，另加两层外包装箱，内一层为铁皮制的包装箱，外一层则为木质包装箱。因此遗体运输的外部包装为三层，即内层的棺柩、中层的全封闭铁皮和外层的木板包装。

国际运尸中使用的棺木与国内殡葬活动使用的有所不同，由于各国对遗体运输包装物的卫生检疫标准各有高低，因此在棺木使用上，应尽可能选择卫生安全性较高标准的棺木，以避免反复办理手续带来的麻烦。

根据国际运输的要求，棺木的外包装必须是密封的，以避免在运输途中病菌扩散，影响环境和健康。因此在完成遗体入棺程序后，必须对外包装箱进行严格的密封处理。外包装箱能起到保护遗体和棺木的作用，防止在运输途中因意外造成遗体不必要的损坏。首先将棺木放入内一层的铁质包装箱内。铁质包装箱是用来包裹棺柩且必须焊接密封的，应将其六面闭合，使用金属锡，将锡加热熔化后，将四边边缘口焊紧。随后再将棺木连同铁质包装箱放入外一层的木质包装箱中。木质包装箱是为了防止棺柩在运送途中受到损害并方便装卸，同样也需将其六面闭合，使用钉子钉牢。有些国家如意大利、俄罗斯、菲律宾和埃及等的领事馆，在遗体入棺时总领事都会到达现场，在外包装箱处理完毕后，在横截面使用三条绳子捆住木质箱子，在每条绳子上同时敲上领馆章的火漆印，表示该包装箱没有启过封。

(三)涉外遗体收殓必须注意的事项

遗体运输的外包装中不可忽视的还有全封闭式的铁皮包装箱。欧洲国家通常会规定入境的遗体包装物铁皮厚度必须大于0.6毫米。我国也规定外运遗体包装物封闭要严,无腐败液体渗出,无臭味散出。为了使遗体在全封闭条件下运输不产生或减缓产生腐败液体,运尸承运单位可以向客户推荐在棺柩内摆放遗体专用干燥剂,以辅助遗体的防腐。

由于国际间遗体运输的高要求和严谨性,根据国际惯例,在密封的棺木内是不允许放置任何物品的,因此外运遗体一般都不得放入随葬品。在进行入棺仪式时,由法定的卫生检疫部门现场进行监督执行。因此如遇客户要求放置随葬品,遗体接运人员应明确告知相关的政策规定。

第二节 遗体接运法规与政策

遗体接运工作是一种服务行为,是一种特殊的运输服务,按照客户的意愿或预约的时间、地点,及时、准确、安全、迅速地将遗体运送到殡仪馆或指定地点。从遗体的装卸到运输,都是直面客户,这是一个重要的服务窗口,是殡仪服务中的重要环节。

一、遗体接运的基本要求

(一)遗体接运人员素质的要求

《殡葬管理条例》第十二条第二款规定:"殡仪服务人员应当遵守操作规程和职业道德,实行规范化的文明服务,不得利用工作之便索取财物。"这是对所有殡葬服务人员的统一要求,遗体接运人员也不例外。这条规定对遗体接运人员提出了三点要求。

一是应当遵守操作规程。遗体接运的操作规程在有关的法律法规中并无具体规定,但在《接运遗体服务》(GB/T 26374—2010)中提到"接运遗体应由具有相应国家资质的遗体接运工承担",同时提出具体的操作规程要求:遗体接运服务流程的制定应符合当地客户的共性要求,应反映地方风俗并尊重民族习惯;根据任务单与客户进行业务联系接洽并设计接运路线；检查殡仪车辆，准备遗体接运工具与卫生防疫用品；辨明遗体存放地点，根据死亡证明核对、查验和接收遗体；将遗体装入遗体包装袋或棺木，查点、登记随葬品；由客户确认后在接运单上签字；运送遗体到预定地点；办理交接手续，移交遗体及其附属物品；填报遗体运输日志，建立接运业务档案。

二是应当实行规范化的文明服务。遗体接运工个人着装、卫生防护、仪表仪态、服务用语等要符合行业规范要求，要体现民政部门敬民、亲民的形象，实现"逝者安息、生者慰藉"的殡葬服务目的。

三是严禁利用工作之便索取财物。《殡葬管理条例》第二十三条规定："殡仪服务人员利用工作之便索取财物的，由民政部门责令退赔；构成犯罪的，依法追究刑事责任。"对于这一要求，我们必须重视，否则容易出问题。首先对于丧主给红包这一问题，有的遗体接运工甚至殡仪馆认为这是历史传统，只要是家属愿意给的，就能接收。因此经常存在法律上的责任风险，导致有些员工乃至殡仪馆受到严肃处理。其次是接运过程中遗体所在处所的楼层、特殊地点等形成的接运难度带来的额外费用问题。有的殡仪馆在申报服务价格时做出相应列表，经物价管理部门批准后予以公示，相应的收费合法合规；但有些在申报时未经物价管理部门审批的服务项目及收费标准，接运时才与丧主协商，甚至放任接运工在现场与丧主讨价还价，有"坐地起价"之嫌，从法律角度来看易出现对服务机构或员工的不利情形。最后是其他服务项目、用品与遗体接运捆绑收费问题，除法规、政策有规定的以外，都带有违反上述法规要求之嫌。

（二）关于遗体接运设备、用品的规定

对于遗体接运车辆的使用，《殡葬管理条例》虽无规定，但各省市的殡葬管理规范均规定：遗体运送必须使用殡仪服务专用车，殡仪服务专用车必须由殡仪馆所有。

遗体接运车辆必须符合国家规定的技术标准。具体的技术标准要求是：机动殡葬车辆的运行安全技术条件应符合《机动车运行安全技术条件》（GB 7258—2017）的要求；车内空气和接运遗体器具的微生物类安全限值应符合《殡仪场所致病菌安全限值》（GB 19053—2003）的规定；遗体接运专用车辆必须定期消毒，尸舱密闭，严禁特种尸体血液和体液等外溢。

对于接运遗体所需用品，较为明确的要求是：接运遗体所需用品的种类应满足所接遗体的特殊需要；用品的备用数量宜为实际使用量的2倍；用品的质量应

满足国家有关标准的技术要求。

二、办理遗体接运手续的相关规定

作为一项殡葬服务业务的开始,且遗体将从该阶段由丧主移交至殡仪馆,所以该阶段具有非常重要的法律意义,需要签署具有法律效力的文件来明确该过程中双方的法律关系。一般来说,需要签订以下文件。

(一)交接单证或交接表

需逝者近亲属或丧事承办人与殡仪馆签署,并注明签字人的身份、与逝者的关系,以及逝者的姓名、死亡时间等。这些文件至少应包含如下内容:承办人承诺已得到逝者近亲属授权办理遗体交接的明确文句、承办人承诺代签交接单证或交接表后会及时将上述内容告知逝者近亲属的文句、殡仪馆单方声明因交通拥堵等意外状况出现遗体运送迟延时的免责内容等。

(二)遗体代为保存协议

载明逝者近亲属或丧事承办人将遗体委托殡仪馆并经其同意代为保存的内容,由丧主或丧事承办人签署,并注明逝者的姓名。由于该协议与交接单证或交接表一起签署,故逝者信息可不再重复记载。另外,还应包含因非殡仪馆的故意或过失原因引起的遗体毁损和其他不良变化,殡仪馆不承担责任的文句。

有的殡仪馆不在遗体接运前、业务接洽时签署遗体代为保存协议,而是待遗体接到殡仪馆之后、存放之前签署,这种做法从法律上与上述做法区别不大。但由于遗体接运和遗体保存是接连的两个环节,所以还是建议在遗体接运前、业务接洽时一起签订。目前,仍有个别殡仪馆在遗体接运之前不与逝者近亲属或丧事承办人签订任何文件,看似省事,但从法律的严格意义来讲,无疑给自己留了一个责任风险隐患。

三、有关遗体接运过程的法规与政策

(一)遗体接收的技术处理要求

《殡葬管理条例》第十三条第一项规定:"运输遗体必须进行必要的技术处

理，确保卫生，防止污染环境。"具体怎么进行技术处理，哪些技术处理是必要的，并无具体说明。但综合殡葬行业有关操作规程标准中相应的内容要求，可归纳如下。

1. 核对逝者信息

如逝者姓名、性别、年龄、联系人姓名、与逝者关系、死亡原因等，确保遗体接运无差错。

2. 检验、确认遗体的完整性

包括生理特征（四肢的挛缩情况、体表的特殊标志等）、遗体腐败等情况。特殊死因如交通事故、爆炸事故、塌方、刑事案件或其他意外致死的逝者遗体，往往会出现肢体缺失、破损、腐败等情况，其存放、处理的要求与普通遗体不一致，在存放过程中更容易受到外部条件的影响而发生变化。这些情况的出现不是殡仪馆的过错造成的，殡仪馆即使尽了最大的努力也无法保全，但如果遗体接运人员在接收遗体时不做好遗体特殊性检验确认、接收登记等工作，丧主就可能把一些本来不属于殡仪馆原因造成的变化归因于殡仪馆，以致酿成纠纷。因此，殡仪馆需做的工作包括以下内容。

① 遗体检验及书面确认。一般来说，殡仪馆使用的遗体接收登记表格式条款设有专栏记载遗体的情况，遗体接运人员只需用简明的语言将遗体的特殊情况和状态作如实登记即可。但如果遗体状态比较特殊，使用语言可能无法准确全面地描述遗体的情况，遗体接运人员可采用拍照方式保存证据。拍照要遵循以下步骤：全景，遗体及接运遗体的地点均在照片中能够体现，如果照片中既有遗体和接运地点，又有丧事承办人，照片的证明效力则更强；特写，表现遗体的特殊性，尽可能表现得全面而明确，可以从遗体的多个角度拍摄。这些照片应尽快保存在电脑中备查。

② 确认遗体所着衣物以及佩戴物品的种类和数量。如眼镜、手表、手帕、手机、金银饰品或其他饰品、假牙等，以免遗失或损坏。

③ 对于特殊遗体存放、处理的免责声明。除对遗体的特殊状况进行确认并在合同中进行简明描述之外，遗体接运人员需在遗体接收登记表中明确告知逝者近亲属特殊性遗体在存放、整容、告别仪式等环节可能出现的问题，并明示对上述因自然原因、遗体自身的特殊原因或其他非属殡仪馆过错原因导致的变化，包括变色、渗液、异味、腐败加剧等情况不负责任；明确告知逝者近亲属，殡仪馆

接收遗体时不负责保管贵重物品和特殊物品。告知应简短，但需明确而全面。只要有了书面的可能性告知和免责声明，即使将来因此出现纠纷，殡仪馆也能最大限度地受到司法保护。

上述告知和免责内容可以作为遗体接收登记表中的格式条款，也可另行制作特殊遗体告知或声明文本交给逝者近亲属，并要求逝者近亲属或其委托的丧事承办人在同式副本上注明已了解上述内容的文句后签名确认。由于涉及殡仪馆单方免除责任的声明内容，所以另行制作特殊遗体告知或声明的方式更具有针对性，也更容易确认告知和声明内容被丧主知悉的事实，自然就更有利于对殡仪馆权利的保护。

（二）遗体接运的有关规定

1. 遗体正常接运规定

由民政部、公安部、外交部、铁道部、交通部、卫生部、海关总署、民用航空局联合于1993年3月30日发布并实施的《关于尸体运输管理的若干规定》明确规定：尸体的运送，除特殊情况外，必须由殡仪馆承办，任何单位和个人不得擅自承办。从上述规定中，我们可以得出以下结论。

第一，除殡仪馆之外，任何单位或个人都不能从事经营性运尸服务。

第二，违反上述规定，有关主体如非法经营运尸业务的业主或非法运尸车辆的司机可能承担法律责任，但殡仪馆不承担责任。

第三，有些特殊情况下，如有些殡仪馆由于经费、人员等原因，还没有条件配备足够的殡仪车辆或人员，在遗体由最初停放地向殡仪馆运送时，只能使用其他车辆，如逝者生前单位的车辆或逝者家属的车辆，甚至是私人非法经营的车辆。殡仪馆安排遗体接运时就不可避免地要与这些车主或经营者打交道。根据上述规定，即使殡仪馆实施了上述行为，也不会引起法律后果，不会因此受到行政处罚或承担民事责任。但这明显有违行政法规、规章或其他规范性文件，因此殡仪馆还是应该要尽力避免。

实践中，有些殡仪馆接到丧主要求接运遗体的信息后，由于自身不具备接运条件，会直接与一些非法营运车车主联系，告知其有关的接运信息，通知其接运遗体，甚至个别殡仪馆还可能以管理费、调度费、信息费或停车费的名义收取非法营运车车主的费用。由于非法营运的车辆无法配备专业的殡葬从业人员，对死亡证明的查验、死因的初步判断及遗体的消毒处理等专业工作无法进行规范操作，很可能会引发一些法律问题，继而引起纠纷。一旦纠纷发生，由于非法营运车辆系从殡仪馆获得的运尸信息，丧主就可能以此理由向殡仪馆提出主张，要求殡仪馆承担民事责任，或将殡仪馆投诉到主管部门，要求殡仪馆或其责任人员承担行政、民事甚至刑事责任。同样，由于非法营运车接运遗体系来源于殡仪馆提供的信息，且有的殡仪馆还收取个人运尸车费用，再加上相关行政法规、地方规章及其他规范性文件都规定殡仪车辆只能由殡仪馆经营，所以殡葬行政主管部门或司法部门在处理这些纠纷的时候，很有可能认定殡仪馆承担责任。由此，殡仪馆的行为实际是将自己置于法律风险之中。所以，殡仪馆应避免实施委托非法营运车辆接运遗体的行为。

有的殡仪馆针对未配备殡葬车辆却需要接运遗体的现实，采用这种办法处理：接到丧主接运遗体的要求后，一方面向丧主家里或遗体停放地派出遗体接运人员，另一方面要求丧主自行联系个人经营的运尸车辆。派出遗体接运人员的目的是查验死亡证明和逝者的身份证件，对遗体进行必要的消毒等处理，而要求丧主自行联系运尸车辆的目的是尽可能避免因运尸车辆运送过程出现问题而引发殡仪馆的责任。如果丧主无法自行联系到个人经营的运尸车辆，殡仪馆可以向丧主提供电话号码等联系方式，但同时告知丧主此车辆不属于殡仪馆，也不受殡仪馆管理，运送价格等问题均需丧主自行与运尸车主协商，以此表明运送遗体的行为系运尸车主个人的行为，与殡仪馆之间没有合作、委托、代理等关系。而且，在殡仪馆工作人员帮助接运遗体时要求丧主签署的单证上也有类似的提醒，如"非我馆殡仪车辆接运遗体的，出现的相关问题与我馆无关"等文句。从法律的角度讲，这不能算是好的方法，但作为针对上述现状的无奈之举，在处理上述问题引起的纠纷时确实能起到一定的减轻或者免除殡仪馆责任的作用。

2. 异地逝者遗体的处理

原则上就地、就近尽快处理，如有特殊情况确需运往其他地方的，逝者家属要向县级及以上殡葬管理部门提出申请，经同意并出具证明后，由殡仪馆专用车辆运送。这里尤其需要注意，"就地、就近"的前提是在同一行政管辖区域内，设区市以市辖地域范围为限，县或不设区的市以其所辖地域范围为限，过了行政区域范围界限就属于异地，而不是单纯指逝者死亡地点与殡仪馆之间的距离。比如逝者死亡地点在甲县，但距离乙县殡仪馆近于甲县殡仪馆，按行政管辖要求必须在甲县殡仪馆办理丧事，到乙县殡仪馆必须按异地遗体办理手续。

异地死亡者遗体接运的申办必须满足下列条件：因特殊情况需运往户籍所在地，非因烈性传染病去世的遗体，非腐臭遗体。异地死亡者遗体接运的申报材料包括：逝者身份证原件及复印件，死亡证明原件及复印件，丧事承办人身份证原件及复印件,运往地县级以上民政部门或殡葬管理部门的接收意见证明。异地死亡者遗体接运的办理程序为:提出申请,丧事承办人出具相关申请材料,受理申请,审核决定,费用结算。

3. 对国际间运送遗体的处理

根据《民政部、海关总署、国家出入境检验检疫局关于遗体运输入出境事宜有关问题的通知》的有关规定,应由其亲属、所属驻华使领馆或接待单位申报,经死亡当地或原籍或尸体安葬地的省(自治区、直辖市)民政、侨务和外事部门同意后,按照《民政部、公安部、外交部、铁道部、交通部、卫生部、海关总署、民用航空局关于尸体运输管理的若干规定》办理运尸手续。承运人还必须持有中国殡葬协会国际运尸网络服务中心发放的《遗体入/出境防腐证明》《尸体/棺柩/骸骨/骨灰入/出境入殓证明》和《尸体/棺柩/骸骨/骨灰入/出境卫生监管申报单》到口岸出入境检验检疫机关进行入出境申报,办理国际运尸业务。口岸出入境检验检疫机关工作人员对申报资料进行认真核查,并对承运物进行卫生监管后,合格者方可签发《尸体/棺柩/骸骨/骨灰入/出境许可证》。海关根据有关规定验凭上述许可证方可予以放行。

《民政部、海关总署、国家出入境检验检疫局关于遗体运输入出境事宜有关问题的通知》

4. 遗体接运的联动机制规定

办理丧事活动,不得妨害公共秩序、危害公共安全,不得侵害他人的合法权益。办理丧事活动妨害公共秩序、危害公共安全、侵害他人合法权益的,由民政部门予以制止;构成违反治安管理行为的,由公安机关依法给予治安管理处罚;构成犯罪的,依法追究刑事责任。各地卫生、公安、铁路、交通、民航等有关部门,要协助民政部门管好尸体运输工作。医疗机构要积极协助殡葬管理部门加强对医院太平间的尸体管理;严禁私自接运尸体;对患有烈性传染病者的尸体要进行检疫,并督促逝者家属在24小时内报告殡葬管理部门处理。凡无医院死亡证明,无公安派出所注销户口证明,无殡葬管理部门运尸证明,而将尸体运往异地的,铁路、交通和民航部门不予承运,公安部门有权禁止通行。

(三)关于遗体接运协议履行的法规与政策

遗体接运实际是一类特殊的货物运输。要了解遗体接运协议的法律效力,有必要先了解货物运输合同的法律效力。

遗体接运协议是承运人（殡仪馆）按照托运人（逝者家属或逝者单位）的要求，将遗体安全、及时、完整运到目的地（包括殡仪馆、机场等），交付给托运人指定的收货人（包括殡仪馆、机场等单位），托运人支付相应的运输费用的合同。遗体接运协议的利害关系人一般是承运人和托运人，但如果是异地接运或涉外接运，还会涉及第三人，即第三方接收人（包括异地殡仪馆、机场等单位），第三方接收人不是遗体接运协议的当事人，但却是协议的利害关系人，享有规定的权利并承担协议规定的义务。遗体接运协议的主要内容有以下几方面。

1. 托运人的义务

① 如实申报的义务。托运人在将遗体交付接运时，有对法律规定或当事人约定的事项进行如实申报的义务。因托运人申报不实或者遗漏重要情况，造成承运人损失的，托运人应当承担损害赔偿责任。

② 按规定向承运人提交审批、检验等文件的义务。在遗体接运中，托运人对需要办理审批、检验手续的遗体接运，应将办完有关手续的文件提交承运人。

③ 装殓义务。协议中对装殓方式有约定的，托运人有按照约定方式装殓遗体的义务。协议中对装殓方式没有约定或者约定不明确时，可以协议补充；不能达成补充协议的，按照协议有关条款或者交易习惯确定；仍不能确定的，应当按照通用的方式装殓；没有通用方式的，应当采取足以保护遗体的装殓方式。所谓按照通用的方式装殓，主要是指按照某种运输工具运输遗体的惯常方式装殓。所谓足以保护遗体的装殓方式，主要是指足以保证遗体在运输过程中不致发生损坏、散失、渗漏等情形的装殓方式。托运人违反约定的装殓方式的，或者不按通用的装殓方式或足以保护遗体的装殓方式而交付运输的，承运人有权拒绝运输。

④ 托运随葬品时的义务。托运人托运随葬品，应当按照国家有关物品运输的规定对随葬品妥善包装，将有关随葬品的名称、性质和使用措施的书面材料提交承运人，承运人与托运人当面点验确认后方可交接，因此产生的费用由托运人承担。托运人违反规定的，如易燃易爆、不易保管、贵重的物品，承运人可以拒绝运输。

⑤ 支付运费、保管费以及其他运输费用的义务。在承运人全部、正确履行运输义务的情况下，托运人有按照规定支付运费、保管费以及其他运输费用的义务。这是托运人应负担的主要义务。托运人不支付运费、保管费以及其他运输费用的，承运人对相应的运输遗体享有留置权，但当事人另有约定的除外。遗体在

运输过程中因不可抗力灭失,未收取运费的,承运人不得要求支付运费;已收取运费的,托运人可以要求返还。

2. 承运人的义务

① 安全运输义务。承运人应依照协议约定,将托运人交付的遗体安全运输至约定地点。运输过程中,遗体毁损、灭失的,承运人应承担损害赔偿责任。对于遗体的毁损、灭失的赔偿额,基本无法作具体的确定,只能按当事人协商确定;仍然无法确定的,只能走法律诉讼渠道解决。如果承运人证明遗体的毁损、灭失是因不可抗力、遗体本身的自然性质,或者托运人、第三方接收人的过错造成的,不承担损害赔偿责任。

② 通知义务。异地遗体运输或国际间遗体运输,遗体运输到达后,承运人负有及时通知第三方接收人的义务。如果是托运人或第三方接收人的原因,如托运人在运单上填写的第三方接收人名称、联系电话不准确,承运人可以免除上述通知义务。

3. 第三方接收人的义务

第三方接收人一般存在于异地遗体运输或国际间遗体运输。

① 及时接收遗体的义务。第三方接收人虽然没有直接参与遗体运输协议的签订,但受承运人、托运人双方签订的遗体运输协议约束,第三方接收人应当及时接收遗体。第三方接收人不及时接收遗体造成逾期的,承运人有向托运人追加由此耽误而造成的误工费、保管费等费用的权利。

参照《民法典》第八百三十七条的规定,在遗体运输协议履行中,第三方接收人承担后果的法定事由有三项:一是第三方接收人不明,这主要包括无人主张自己是第三方接收人,通过现有证据,主要是遗体运输协议也无法确认谁是第三方接收人;以及虽有人主张自己是第三方接收人,但根据现有证据,包括遗体运输协议及主张人提供的证据,无法认定其即是第三方接收人等情形。二是第三方接收人无正当理由拒绝接收遗体,主要是指虽有明确的第三方接收人,但其没有正当理由而拒绝接收遗体。三是承运人移交运输的遗体后,运输合同关系即告消灭,该遗体毁损、灭失的风险由第三方接收人承担。

② 在一定期限内检验遗体或棺柩及遗物的义务。遗体移交第三方接收人后,第三方接收人负有对遗体或棺柩及遗物及时进行验收的义务。第三方接收人应当在约定的期限或者合理期限内检验遗体或棺柩及遗物。第三方接收人在约定的期

限或者合理期限内对遗体或棺柩及遗物的数量、毁损等未提出异议的，视为承运人已经按照遗体接运协议履行了自己的义务。

（四）道路交通安全规定

《中华人民共和国道路交通安全法》于2003年10月28日第十届全国人民代表大会常务委员会第五次会议通过，2004年5月1日开始实施，并先后进行了两次修订。这部法律自颁布施行以后，对一些交通陋习进行严厉的惩罚，同时也制定了一些具有人文关怀的规定如"车让人""撞了不能白撞"等，已深受人们的认可并遵行。殡葬服务单位要加强本单位人员的道路交通安全教育，作为遗体接运服务人员，在接运遗体过程中更应该严格遵守道路交通安全的法规。

1. 遗体接运车管理规定

必须严格遵行机动车登记制度。不得喷涂、安装、使用警车、消防车、救护车、工程救险车专用的或者与其相类似的标志图案、警报器或者标志灯具，不得拼装遗体接运车或者擅自改变遗体接运车已登记的结构、构造或者特征，不得改变遗体接运车型号、发动机号、车架号或者车辆识别代号，不得伪造、变造或者使用伪造、变造的遗体接运车登记证书、号牌、行驶证、检验合格标志、保险标志，不得使用其他机动车的登记证书、号牌、行驶证、检验合格标志、保险标志。正确悬挂遗体接运车号牌，并保持清晰、完整，不得故意遮挡、污损。放置检验合格标志、保险标志。严禁未消除安全隐患的遗体接运车上道路行驶。

2. 安全驾驶相关规定

驾驶人员要随车携带机动车行驶证，在驾驶遗体接运车上道路行驶前，应当对遗体接运车的安全技术性能进行认真检查，不得驾驶安全设施不全或者机件不符合技术标准等具有安全隐患的遗体接运车。遗体接运车行驶时，驾驶人员应当按规定使用安全带。驾驶人员应当遵守道路交通安全法律、法规的规定，按照操作规范安全驾驶、文明驾驶，饮酒、服用国家管制的精神药品或者麻醉药品，或者患有妨碍安全驾驶机动车的疾病，或者过度疲劳影响安全驾驶的，不得驾驶遗体接运车。遗体接运车上道路行驶，不得超过限速标志标明的最高时速。在没有限速标志的路段，应当保持安全车速。夜间行驶或者在容易发生危险的路段行驶，以及遇有沙尘、冰雹、雨、雪、雾、结冰等气象条件时，应当降低行驶速度。与其他机动车同车道行驶时，后车应当与前车保持足以采取紧急制动措施的安全距离，不得随意超车。通过交叉路口，应当按照交通信号灯、交通标志、交通标线或者交通警察的指挥通过；通过没有交通信号灯、交通标志、交通标线或者交通警察指挥的交叉路口时，应当减速慢行，并让行人和优先通行的车辆先行；行经没有交通信号的道路时，遇行人横过道路，应当避让。遗体接运车在道路上发生故障，需要停车排除故障时，驾驶人员应当立即开启危险报警闪光灯，将机动车移至不妨碍交通的地方停放；难以移动的，应当持续开启危险报警闪光灯，并采用在来车方向设置警告标志等措施扩大示警距离，必要时迅速报警。遗体接运车应当在规定地点停放，禁止停放在人行道上；在道路上临时停车的，不得妨碍其他车辆和行人通行。

3. 随车人员管理规定

禁止遗体接运车载客。遗体接运车需要附载其他接运人员时，不得超过核定的人数，同时应当设置保护作业人员的安全措施。乘车人员不得携带易燃易爆等危险物品。遗体接运车行驶时，乘坐人员应当按规定使用安全带，不得向车外抛撒物品，不得有影响驾驶人员安全驾驶的行为。任何人不得强迫、指使、纵容驾驶人员违反道路交通安全法律、法规和机动车安全驾驶要求驾驶遗体接运车。

4. 事故处置管理规定

在道路上发生交通事故，遗体接运车驾驶人员应当立即停车，保护现场。造成人身伤亡的，驾驶人员应当立即抢救受伤人员，并迅速报告执勤的交通警察或者公安机关交通管理部门；因抢救受伤人员变动现场的，应当标明位置，随车人员应当予以协助。在道路上发生交通事故，未造成人身伤亡，当事人对事实及成因无争议的，可以即行撤离现场，恢复交通，自行协商处理损害赔偿事宜；不即行撤离现场的，应当迅速报告执勤的交通警察或者公安机关交通管理部门。在道路上发生交通事故，仅造成轻微财产损失，并且基本事实清楚的，当事人应当先撤离现场再进行协商处理。

（五）遗体接运服务质量保障的法规与政策

《消费者权益保护法》规定了消费者的基本权利，这些权利在遗体接运服务中同样具有法律效力。在遗体接运服务方面维护殡葬消费者的安全保障权，要求殡葬服务单位及遗体接运工必须做到：提供的服务应当符合遗体安全接运的国家标准或者行业标准；对可能危及遗体安全的服务事项，要事先向丧主作出真实的说明和明确的警示，并标明或说明正确接受服务的方法；发现提供的服务有严重缺陷，即丧主采用正确使用方法仍可能导致危害的，应及时告之，并采取切实可行的措施。殡葬服务单位及遗体接运工未尽到安全保障义务，造成遗体损毁、灭失或导致他人损害的，应当依法承担相应的赔偿责任。

在遗体接运服务方面殡葬消费者的维护尊严权，主要体现在两个方面：一是维护殡葬消费者的尊严，二是维护逝者的尊严。尊重消费者与逝者的人格尊严和民族习俗，这是消费者和殡葬服务工作者地位平等的体现，也是殡葬文明服务的体现。

（六）遗体接运收费管理的有关规定

遗体正常接运（含抬尸、消毒）属于殡葬服务基本服务项目，收费标准由各地价格主管部门会同有关部门在成本监审或成本调查的基础上，按照非营利原则，根据财政补贴情况从严核定，并适时调整。也就是说，遗体接运费用属于政府定价性质，殡葬服务单位不得自行定价。而目前在绝大多数地方，基本服务属于政府买单，遗体接运也就属于政府购买服务，如果殡葬服务单位或遗体接运工因遗体所在处所的特殊性而收取额外费用，从劳务付出的角度来看似乎合理，但从法规、政策的角度而言则违反了政府购买服务协议，难免会有"利用工作之便索取财物"之嫌，所以在向物价管理部门报备费用收取审批时必须分列备注清楚。

对于遗体接运的收费项目、收费标准（价格），各地民政部门要通过本部门网站或其他载体进行相应的公示，为群众监督、选择提供方便。殡葬服务单位要认真执行收费公示制度，在服务场所显著位置公布相应的服务项目、收费标准、文件依据、减免政策、举报电话、服务流程和服务规范等内容，广泛接受社会监督；在提供服务过程中，应遵守国家有关政策规定，严格规范服务和收费行为；要引导群众理性消费和明白消费，不得违反公平自愿原则以任何形式捆绑、分拆或强制提供服务并收费，也不得限制或采取增收附加费等方式变相限制丧属使用文明丧葬用品。对于服务项目及其收费标准的公示，绝大多数殡葬服务单位能按照政策严格执行，但也有个别服务单位公示不全面，由此导致许多不必要的纠纷。作为遗体接运服务的提供者，必须合理地让殡葬消费者享有知悉遗体接运服务项目及收费标准的知情权、自主遗体接运服务项目的选择权、求教遗体接运服务常识及流程的获知权，同时必须认真履行法定或约定的义务，提供真实且明确的信息，出具相应的凭证和单据，保证遗体接运服务质量，虚心听取意见和接受群众的监督。

对于遗体接运服务收费的监督，监督主体是各地的价格主管部门，举报电话是"12358"。价格主管部门的监督职能是：认真受理群众对殡葬服务收费的投诉或举报，严肃查处殡葬服务单位擅自设立收费项目、提高收费标准、扩大收费范围及强制服务并收费等乱收费行为，对性质恶劣、情节严重的典型案件公开曝光，切实维护广大群众的合法权益。

《关于进一步加强殡葬服务收费管理有关问题的指导意见》的规定，仅针对各地本辖区内遗体接运有效，异地遗体运送和国际间遗体运送不在其列。也就是说，异地遗体运送和国际间遗体运送不属于基本服务范畴，两者应属于特殊的延伸服务之列，可在政府指导价格的基础上进行议价。

案例分析

案例一：王某诉某殡仪馆、某民政局殡葬服务合同纠纷案

案情简介：

2016年5月18日，王某之妻尹某在A县病故，王某与A县殡仪馆达成协议，在A县殡仪馆五号厅为尹某举行吊唁仪式。为此，A县殡仪馆根据双方协议，向王某收取了冰棺存放费、五号厅租用费、抬尸费、从A县医院太平间到殡仪馆的遗体接运费、灵堂布置费、冰棺卫生消毒费、仪式主持费等8项费用共计2682元，并向王某出具了盖有该殡仪馆财务专章的详列服务项目及收费标准的收款收据。2016年5月20日上午，尹某的吊唁仪式结束后，于下午3时许，陈某驾驶其所有的轻型货车作为尹某的灵车，载着尹某的遗体并搭乘董某、史某等12人，从A县殡仪馆出发，往冬县方向行驶。行驶过程中车辆驶入李某违法占道堆积的一个沙堆，致车辆打滑失控冲入道路左侧水沟后向右侧翻，造成董某和史某当场死亡，另有5人不同程度受伤的道路交通事故。该事故经某区公安交警大队现场勘验调查、取证，认定陈某负此次事故的主要责任，堆积沙堆的李某负次要责任，乘车人无责任。逝者董某、史某的家属分别提起诉讼的机动车交通事故责任纠纷案法院已另案判决处理。王某单独以其妻尹某出殡过程中发生道路交通事故而导致其经济损失未获得赔偿为由起诉了A县殡仪馆和A县民政局。

王某在诉状中主张：原告因其妻尹某病故，与被告 A 县殡仪馆达成殡葬服务协议，原告于 2016 年 5 月 18 日向被告 A 县殡仪馆交纳殡葬服务费共计 2682 元。2016 年 5 月 20 日下午 3 时许，被告 A 县殡仪馆没有为原告之妻安排殡葬车出殡。出殡过程中，由于被告的过错，造成原告亲友两死七伤的重大交通事故，并将原告之妻的尸棺损坏、尸体抛出，出殡设备全部毁损，出殡被迫中断。由于被告 A 县殡仪馆提供服务不当，造成原告经济损失达 258000 元，且经法医鉴定，原告现身患焦虑症，该焦虑症与其妻出殡时发生的重大交通事故有直接因果关系。被告 A 县殡仪馆依法应赔偿原告全部经济损失；被告 A 县民政局作为 A 县殡仪馆的主管机关，在管理上存在过错，应承担连带赔偿责任。故向法院起诉，请求判决两被告连带赔偿原告各项经济损失共计 258000 元。

被告 A 县殡仪馆辩称：被告 A 县殡仪馆按《A 县殡仪馆经劳服务项目及收费标准》向原告收取原告之妻病故的各项服务费仅 2682 元，A 县殡仪馆的服务已按收费项目对应完成，不存在过错；被告 A 县殡仪馆没有安排车辆为原告之妻提供出殡服务，本案中的肇事车辆和司机陈某也不是殡仪馆的车辆和司机，而是社会出租车辆，与殡仪馆没有关系。综上，请求驳回原告对被告 A 县殡仪馆的诉讼请求。

被告 A 县民政局辩称：被告 A 县民政局不是本案适格主体。理由是：第一，被告 A 县民政局是国家行政机关，是殡葬行业的行政管理部门，不是殡葬业务经营单位，A 县殡仪馆才是殡葬业务的具体经营单位，是独立法人，且原告之妻出殡发生的交通事故已经交警部门调解结案，原告已与肇事司机达成了调解协议；第二，被告 A 县民政局没有与原告形成合同关系，不是承担违约责任的主体，不是本案的被告；第三，根据合同相对性法理，合同一方当事人只能向合同另一方当事人提出合同上的请求或提起诉讼，被告 A 县民政局不是本案中殡葬服务合同的一方当事人，原告不能向与合同无关的 A 县民政局提起诉讼。综上，请求驳回原告对被告 A 县民政局的诉讼请求。

经审理，法院认为，A 县殡仪馆已按《A 县殡仪馆经劳服务项目及收费标准》约定的项目明细提供了相对应的服务，不存在违约和过错。载运尹某遗体的灵车出殡仪馆后所发生的道路交通事故不在原告与 A 县殡仪馆的合同期限范围内，发生交通事故的车辆和司机既不是 A 县殡仪馆的车辆和司机，也不是 A 县殡仪馆安排调用的车辆和司机，且 A 县殡仪馆未收取原告之妻出殡服务费用，没有义务为原告安排调用出殡车辆和司机，故 A 县殡仪馆与本案原告因道路交通事故而导致的经济损失没有因果关系。被告 A 县民政局是殡葬行业的行政管理部门（机关法人），不是殡葬业务的经营单位，A 县民政局与原告没有形成殡葬服务合同关系，双方就不存在权利义务关系，A 县民政局在本案中的行政管理上亦没有过错，原告诉请的经济损失与 A 县民政局没有因果关系，故 A 县民政局在本案中不应承担民事责任。根据上述理由，法院判决：驳回段某的诉讼请求。

案例二：官某及其儿子官某某诉 B 县殡仪馆侵权损害赔偿纠纷案

案情简介：

官某及其儿子官某某诉称：2016 年 5 月 20 日，官某之妻、官某某之母汪某去世。被告 B 县殡仪馆的司机杨某驾驶运尸车到殡仪馆火化的途中发生交通事故，车辆侧翻，车内棺木毁坏，尸体来回翻滚受损。发生事故后，两原告精神受到强烈刺激，官某晕倒在地，为此支付医疗费 1405.85 元。现起诉要求被告赔偿官某医疗费 1405.85 元、误工费 3500 元、交通费 900 元，以及赔偿官某、官某某两人精神损害抚慰金 12000 元。

被告 B 县殡仪馆辩称：汪某去世后，单位提供了运送遗体、火化等服务，在运送遗体的过程中发生交通事故属实，该案应为殡葬服务合同与机动车交通事故责任纠纷的竞合。官某某已经起诉过机动车交通事故责任纠纷，且法院已经处理完毕。现两原告再次起诉，违反一事不再理的原则，故不同意两原告的诉讼请求。

经审理，法院认定：2016 年 5 月 20 日，两原告近亲属汪某去世，由被告承担运送遗体、火化等服务。被告的运尸车在途经某路段时发生交通事故，车辆撞到广告牌上，车辆侧翻，车内棺木毁坏，尸体受损，官某某在此次事故中受伤。后来，官某某对该殡仪馆提起诉讼，要求殡仪馆赔偿其医疗费、误工费、上缴承包金、护理费、交通费等共计三万余元。法院判决殡仪馆赔偿其各项损失共计约 15000 元，现判决已经生效。事故发生后，官某称精神恍惚，其于 2016 年 6 月 1 日、6 月 27 日、9 月 6 日三次到县医院就医，县医院诊断为"脑梗死、神经衰弱"。官某因此花去医疗费1405.85元及部分交通费、误工费。

法院认为，两原告在其亲属汪某去世后，将运送遗体、火化等事务委托B县殡仪馆处理，两原告与B县殡仪馆之间形成殡葬服务合同的关系。B县殡仪馆在运送遗体的过程中发生交通事故，致使汪某棺木损坏、遗体受损，两原告在精神上受到一定损害，原告官某因精神受到刺激引发脑梗死及神经衰弱。由此可以确认本案系由殡葬服务合同所引起。本案当事人选择以侵权损害赔偿的案由提起诉讼，因此本案确定的案由为侵权责任纠纷。原告官某因精神受到刺激造成的医疗费、误工费、交通费损失及两原告因此遭受的精神损害，被告应当予以赔偿。原告官某某虽然曾就机动车交通事故责任纠纷起诉过被告，但在该案中仅处理了其个人因交通事故所受损失，并未涉及其他损害赔偿。被告提出本案应为机动车交通事故责任纠纷及本案的受理违反"一事不再理"原则之辩解意见，无法律依据，本院不予支持。依此，法院判决：

① 被告B县殡仪馆赔偿原告官某医疗费、交通费、误工费共计3215.85元。

② 被告B县殡仪馆赔偿原告官某、官某某精神损害抚慰金10000元。

③ 驳回原告的其他诉讼请求。

第四章
案情分析

思考与练习

1. 简述遗体收殓的原则。
2. 简述遗体收殓过程的处置技术要求。
3. 简述重大突发事件遇难人员遗体收殓处置的相关规定。
4. 简述涉外遗体装殓的相关规定及要求。
5. 简述办理遗体接运手续的相关规定。
6. 简述逝者遗体异地接运的相关规定。
7. 简述国际间运送遗体的相关规定。
8. 简述遗体接运收费管理的有关规定。

第五章
防腐整容法规与政策

章前导读

防腐整容是最能体现殡仪服务质量和技术含量的工作之一。本章主要介绍防腐整容服务过程中所存在的法律问题和风险，以及可能引发的侵权行为，并介绍殡葬工作者在防腐整容服务过程中应遵守的法律法规和遇到法律问题后的处理原则。

学习目标

知识目标

① 了解遗体的法律属性及防腐整容服务中存在的法律关系。
② 了解从事防腐整容服务应具备的资质与条件。
③ 熟悉防腐整容业务纠纷的种类、引发纠纷的原因及纠纷处理原则。
④ 了解工作事故的识别方法。

能力目标

① 具备防腐整容工作事故的基本识别能力。
② 能够判断是非，识别工作事故类型、性质，并针对不同事故采取相应的应急处置措施。

素养目标

提高遗体防腐整容服务岗位的责任感、使命感和法律意识，维护逝者尊严，尊重丧事承办人意愿。

第一节 遗体服务法规与政策

死亡是人类不愿意提及却又不可避免的话题，作为生命终结的形式，是每个生命体走向消亡的必经过程。殡葬从业者作为生命最终阶段的送行者，除了需要面对逝者近亲属对逝者的情感寄托，还需要满足各种情感寄托衍生出来的精神层面的服务需求。遗体的防腐与整容就是众多服务需求之一，在服务过程中如果出现失误，容易引起逝者近亲属与服务提供方不可调和的纠纷。因此，从业者清楚明确地掌握相关服务过程中可能涉及的法律问题，就显得尤为重要。

一、殡葬机构与从业人员资质条件

殡葬行业近年来被称为夕阳下的朝阳产业，特别是 2006 年我们国家将丧葬用品向市场开放后，社会从业者不断进入殡葬服务市场。目前，对于与遗体相关的服务项目，相应的政策法规还是比较严谨，主要是从殡葬机构和从业人员资质两方面规范市场服务行为。

（一）殡葬机构资质

殡仪馆是提供遗体服务项目的主体殡葬机构，同时也是殡殓与殡仪活动开展的主要场所。目前，全国绝大多数地区殡仪馆的企业性质属于各地区民政部门下设的公益二类事业单位，实行差额拨款或自收自支的运营模式。殡仪馆开展遗体服务项目需要有符合消防、卫生条件标准的场地，与遗体服务项目相关的基础建设也需要经过本地区民政部门审批。开展遗体服务项目前需要取得工商行政管理部门核发的营业执照，同时，根据《殡葬管理条例》规定，殡葬机构（单位）应当加强殡葬服务设施的管理，更新、改造陈旧的设备，防止污染环境。经过批准设立的殡葬机构（单位），且设施设备符合相关条件的，获本地区殡葬管理处批准，颁发殡葬服务证。本地区殡葬管理处对殡葬机构（单位）的殡葬服务证每年验审一次。

（二）从业人员资质

我国在 2022 年版的《中华人民共和国职业分类大典》中，将专业从事遗体防腐与整容工作的人员称为遗体防腐整容师，本职业包含但不限于遗体防腐师与遗体整容师两个职业工种。根据遗体服务的项目与内容，以及接受服务的客体人群，将其划分到社会生产服务和生活服务人员大类，其职业代码为 4-10-06-02。

在《殡葬服务从业人员资质条件》（GB/T 24441—2009）的术语定义中明确规定，遗体防腐整容师职业下设的遗体防腐师是从事遗体防腐、保存的人员，遗体整容师是从事整容、整形、化妆和美发的人员。遗体防腐整容师因其从事职业的特殊性，在 2021 年版《遗体防腐整容师 国家职业技能标准》中将遗体防腐整容师职业共分为五个等级，每一等级必须掌握本职业相应的专业知识和技能要求。同时，从事该项职业的技术人员在个人能力上也必须具备一定的观察、判断和分析能力等。相关从业人员要在具有法定资质的殡仪馆或火葬场工作，并且在上岗之前要获得该职业或相关职业技能资格证书。

二、遗体防腐整容服务的对象

防腐整容从表面上看，是针对逝者本人采取的技术服务。但实质上是由服务方"防腐整容技术人员"、服务对象"遗体"，以及服务客体"逝者近亲属"三者构成的服务关系，三者之间存在授权委托的主观意愿和技术服务的客观行为。依照《民法典》规定，委托关系是基于委托人与受托人约定，由受托人处置委托人委托事务的民事法律关系。

由于逝者近亲属是基于与逝者的身份关系取得逝者遗体的所有权，因此其对遗体具有情感利益。殡仪馆虽然是基于社会服务职能而取得遗体的处置权，但对遗体并无情感利益，而情感利益又是关系到社会传统与道德风俗的最重要的因素。所有权包括占有、使用、收益、处置权在内，是完全物权，可以继承和转让。处置权只是对物的一种权利的行使方式，处置权人在没有得到所有权人许可的前提下，将不能任意处置该物。因此，逝者近亲属与殡仪馆在所有权与处置权的行使过程中应该适用不同的规则，受到不同的限制。

（一）授权委托

殡仪馆从事遗体服务的技术人员，对遗体具有储存保护的权利和义务。而当需要对遗体进行防腐整容等技术服务时，在操作过程中不可避免会暴露和破坏遗体的完整性，由此而引起的法律纠纷在现实生活中也是屡见不鲜。为了更好地保护逝者近亲属的合法权益和规避由技术服务带来的法律风险，殡仪馆通过与逝者近亲属签订委托书的方式来解决。《民法典》第二百零七条规定："国家、集体、私人的物权和其他权利人的物权受法律平等保护，任何组织或者个人不得侵犯。"遗体作为私人所有的动产，应该同视为物而受平等保护。遗体是受到法律保护的特殊物，遗体以物性客体存在，适用于我国的《民法典》第二编物权和第六编继承的相关规定，逝者的近亲属作为所有权人，对遗体享有所有权。对遗体实施的防腐整容手术，必须得到遗体所有权人的委托授权，才是符合法律的规范操作。

关于遗体服务的委托行为，又称授权行为，在法律上是一种单方法律行为，即逝者近亲属根据自己的意愿委托殡仪服务方代表自己行使自己的合法权益，并且通过签订授权委托书，确定双方对于委托事项中的内容、方式、结果、价格等信息的真实性与合法性，并明确各自所需承担的法律责任与后果。

当然，授权委托需要以文字的形式写明具体的委托事项，同时，委托人的需求如果违背国家法律或未能尊重社会传统与道德风俗中有关遗体处分的习惯，被委托人可单方面终止协议，反之亦然。在委托书中尽可能将双方的权利和义务表述清晰，并且在委托人的委托书上的合法权益内，被委托人行使的全部职责和责任都将由委托人承担，被委托人不承担任何法律责任等。

（二）存在多个委托人时所有权行使规则的处理

在逝者近亲属继承遗体的情形中，若继承人唯一，则其行使权利时自然不会产生争议。存在数个法定继承人时，若各人的主张存在冲突，则在矛盾之下遗体的所有权会难以行使，因而对其争议的解决方式实有进行商榷的必要。

就性质来看，遗体有别于其他财产，是不可分割之物。我国《民法典》第六编继承中没有规定数个继承人对被继承物之权利性质，只有在发生继承事实后、未进行分割前的被继承物认定为属于全体继承人共同共有之物。共同共有，指依法律习惯或法律行为，基于其共同关系，而享有一物之所有权。《民法典》第二编物权规定，共同共有物所有权行使的一般规则采用的是意思自治优先于法律规定的原则。当存在数个法定继承人时，遗体作为共同共有物，其所有权的行使也要依此规则。由于遗体不同于一般的共同共有物，在有些情形中会导致一般规则失灵而需要特殊的规定。

殡仪馆在执行遗体服务前，需要与丧事承办人签订相关技术服务授权委托协议，明确服务双方的权利和义务。在业务办理时，殡仪馆参考《民法典》第六编第二章法定继承制度，明确法定继承人具备委托人资格，同时，承认丧事承办人为唯一委托人。面对多个委托人的情况，可由多位法定继承人共同商议产生丧事承办人，并通过授权委托的方式全权办理治丧一切事宜，包括遗体处理的合法权益等。

遗体修复授权委托书（有附件）

三、遗体防腐整容服务的内容

（一）服务标准的设定

按照国际标准化组织（ISO）对标准化对象的划分，服务标准是相对于产品标准和过程标准而言的一大类标准，与服务有关的标准都可以划入这一类别。防腐整容服务的标准设定，主要是针对操作过程中的规范要求，如防腐液注射浓度、速度、剂量、保存环境温度、湿度等。而对于操作结果主要是以家属的主观感受为导向，很难实质性地提出客观标准条件和要求。由于遗体的特殊性，遗体护理的效果可能差别较大，在大部分情况下工作人员或家属主要是以类比的方式呈现标准条件，例如面容是否安详，口、眼是否闭合自然等，所以合同条款对服务标准的设定不能过于具体、详细，只能以主观感受的中性词作为表述方式和内容。

（二）特殊约定

特殊约定是指逝者近亲属或丧事承办人在签订委托协议时，提出一些常规技术操作之外的需求。如在规定时间内需要完成技术服务，遗体的容貌不以自然安详为标准，而是以特定的外貌标准，包括但不限于服饰、发型或面容表情等方面的特殊需求。另外，逝者近亲属出于对逝者的尊重，可能对服务提供者提出特殊要求，如遗体整容师的性别、资历。这些特殊要求一经殡仪馆同意，即可成为合同内容的一部分。

（三）免责声明

在丧事承办人与殡仪馆签订委托协议之后，两者之间就可以认定为具有法律效力的合同关系。参照《民法典》第八百九十三条规定："寄存人交付的保管物有瑕疵或者根据保管物的性质需要采取特殊保管措施的，寄存人应当将有关情况告知保管人。寄存人未告知，致使保管物受损失的，保管人不承担赔偿责任；保管人因此受损失的，除保管人知道或者应当知道且未采取补救措施外，寄存人应当承担赔偿责任。"《民法典》中规定免责情形主要有以下两种。

1. 不可抗力

《民法典》所称的不可抗力是不能预见、不能避免且不能克服的客观情况。《民法典》第五百九十条规定："当事人一方因不可抗力不能履行合同的，根据不可抗力的影响，部分或者全部免除责任，但是法律另有规定的除外。因不可抗力不能履行合同的，应当及时通知对方，以减轻可能给对方造成的损失，并应当在合理期限内提供证明。"

2. 货物本身的自然性质、货物的合理损耗

《民法典》第八百三十二条规定："承运人对运输过程中货物的毁损、灭失承担赔偿责任。但是，承运人证明货物的毁损、灭失是因不可抗力、货物本身的自然性质或者合理损耗以及托运人、收货人的过错造成的，不承担赔偿责任。"免责声明是法律明文规定当事人对其不履行合同不承担违约责任的声明。

在防腐整容服务中，参考《河北省殡仪馆公墓业务事故处理暂行规定》，有下列情形则不属于殡葬业务责任：丧事承办人错认尸体造成的；在尸体可能发生损坏前，殡葬单位向丧事承办人作了说明，并做了必要的努力，仍然发生意外的；尸体严重腐败，经过司法部门鉴定后，责任不属于殡葬单位的；不可抗力造成的。

四、遗体防腐整容服务过程中的法律风险管控

防腐整容服务是通过手术方法对遗体进行有目标结果的有偿服务形式。其内容科目包含了遗体长期防腐（保存期限3个月）、短期防腐（保存期限1周），以及因各类事故、医疗和灾害、灾难引起的非正常死亡遗体的整容修复工作等。通常情况下针对遗体实际情况展开的技术服务会需要提供各类综合服务项目，而在常规的格式合同中以服务项目的名称来呈现，如"短期防腐""长期防腐"或"遗体整容"等。为了更加精确或精准地表述家属实际需求，对服务时间或效果可以进一步明确。如果涉及技术延伸服务内容较多，则需要通过简短的说明来进

行补充或预留待补充内容的空间。

(一) 服务全程响应，沟通充分详尽

实施遗体防腐整容手术时，技术人员需要对遗体的局部器官进行分离手术，为了实现技术服务的最佳效果，遗体的部分肌体组织会被手术切除。在执行手术前，必须与委托人或丧事承办人进行充分的沟通，将技术操作中存在的风险和执行效果的预判结果进行明确的说明。例如，遗体长期防腐属于肌体的深层防腐技术，需要在遗体皮肤表浅处做手术切口，并切断血管上层肌肉，以暴露深层血管；再将防腐液经由血管灌注的方法注射到遗体体内，并通过毛细血管输送到身体各器官的深部达到防腐作用。而遗体短期防腐也就是局部防腐，根据注射位置、药剂浓度和操作方法不同，又可分为皮下肌内注射、体腔注射、脏器注射等；形式主要是运用注射针穿刺皮肤的方式，直接注射到药剂作用部位。对遗体进行防腐操作时，手术切口位置、穿刺注射点位置除了需要有专家论证和理论依据的支撑，手术位置选择应以人体循环系统中最接近皮肤表浅且私密容易隐藏的部位为宜。而进行遗体整容操作时，为了实现最佳的复原效果，整容师不仅需要切除部分的组织，同时还需要根据实际情况在遗体上形成新的手术切口。因整容手术过程会对遗体造成二次创伤，特别是针对已经损伤特征结构的调整和暴露部位皮肤组织的处理。因为整容效果完全依赖于整容师个人经验和技术，所以在术前整容师要与委托人进行细节、步骤、过程、技术方法和预期效果的详尽沟通。术后或追悼仪式前让委托人对服务效果进行确认，同时留出充足的时间进行二次调整以及最终效果的确认。

一方面，技术服务前的充分沟通能够最大限度规避因理解上的误差而引发的服务纠纷；另一方面，通过交流能够与委托人之间建立充分信任，抚慰悲伤，提升无形服务的价值。

(二) 资料建档储存，影像查阅举证

影像资料的留存包含术前影像和术后影像。对遗体实施防腐整容术前，要对遗体的身份信息（或称为业务信息）进行核实，确认遗体死亡原因以及服务项目的内容要求，根据操作需求准备好材料工具等物资。遗体随身物品必须统一集中收纳管理，主要包括清理遗体随身衣物和物品，并逐一进行编号登记，标注方式需要明确物品名称与数量，同时拍照留下影像资料，记录遗体的体貌特征以及损

伤情况等。防腐整容术后分别对整体和局部效果拍照留存，形成业务档案。影像资料的留存除了作为服务的建档保存和案例分析，同时也是重要纠纷举证方式，便于引起纠纷时的证据查阅和效果对比。

（三）增强环保意识，防范环境污染

遗体操作必须在一个封闭式的环境中进行，除了出于隐私保护的考虑之外，更重要的是尽可能地对污染源进行监管控制。无论是遗体上可能存在的寄生物、细菌和病毒，还是在遗体防腐过程中可能排放的腐败液体和气体，都会对环境造成影响。根据环境保护预防为主和卫生消毒规范疑似从有的原则，出于防治污染、保障健康的考虑，遗体的防腐整容必须通过清洁和消毒操作将存在于遗体体表的大部分微生物或细菌杀灭，污染物排放必须达标。污染物的无害化处理既是环境质量达标的重要保证，也是控制污染源的重要手段；既有利于对遗体和技术人员的双向保护，同时也是殡葬服务单位和遗体整容师的责任和义务。

第二节　防腐整容业务纠纷处理

在殡葬行业，遗体处理过程中的民事纠纷时有发生。任何一个细微的工作疏忽都会导致严重的后果。在纠纷中委托人与被委托人的民事权利和义务关系往往十分复杂，难以界定和举证。那么，工作中容易造成纠纷的问题有哪些？处理因遗体服务引起的法律纠纷的原则是什么？又有哪些处理方法呢？

一、防腐整容业务纠纷的种类

防腐整容业务纠纷是指发生在殡仪馆、火葬场等具有合法资质的殡葬企事业法人或机构中，一方（或多方）当事人认为另一方（或多方）当事人在提供遗体技术服务或履行法定义务和约定义务时存在过失，造成实际损害后果，应当承担违约责任或侵权责任，但双方（或多方）当事人对所争议事实认识不同、相互争执、各执己见的情形。

在现行的殡葬管理条例中，对丧事承办人的遗体合法的权利义务进行了明确的规定和主张，也是对直系亲属的遗体继承权和处置权的充分尊重和保护，当然执行的前提是不违反国家其他法律的规定。有鉴于此，防腐整容过程中容易产生的业务纠纷主要分为以下三类。

（一）侵权纠纷

侵权行为是一种侵害他人权益的行为，因此侵权行为也可以称为一种侵害行为。在防腐整容过程中，委托人将遗体临时处置权委托给殡仪馆。其委托的行为虽然构成法律事实，但是有条件限制的。例如，委托事项仅限于遗体防腐整容相关的服务项目，操作地点仅限于殡仪馆等具有合法资质的地方。而对于委托事项之外的其他部分并不包含在授权范围之内，也可理解为遗体防腐师或整容师的工作内容受到了场地、时间、委托事宜等客观条件的限制。侵权纠纷主要是一种以结果事实为导向的纠纷，委托人根据事实结果为依据判断被委托人的行为是否存在侵权。

（二）质量纠纷

防腐整容服务中的质量纠纷，主要是指殡仪馆的技术人员未能按照双方签订的协议内容提供相应的服务项目，或逝者近亲属对技术服务的结果不满意，而引起双方当事人的争议。例如，在协议规定内容中，殡仪馆未能采取有效的技术手段对遗体进行防腐处理，导致遗体变质、腐败等情况的出现；逝者近亲属对殡仪馆所执行的遗体整容服务的最终效果不满意，逝者容貌发生根本改变，与本人生前相距甚远等。遇到类似遗体技术服务的质量纠纷问题，绝大部分殡仪馆都会觉得非常棘手。究其原因主要是相关的遗体技术服务无论是国家还是行业层面并没有规范统一的标准，而技术服务本身又是以事实结果为导向的，对技术服务的评判基本上是以家属的主观感受为标准。

殡葬行业产生质量纠纷的原因有多种。一方面，殡仪馆没有从实事求是的角度出发，让家属了解技术服务上存在的风险，在业务流程上缺少风险管控。另一方面，委托双方并没有对整容服务最终效果达成共识，仅仅是简单地按照流程办理业务，从而使家属的期望值与殡仪馆的技术服务存在较大差距。此外，殡仪馆没有对服务风险做好充分的准备和思考。

（三）恶意纠纷

防腐整容服务中的恶意纠纷主要是指当事人主观有意地以牺牲他人利益来换取自身利益的行为。家属片面地断章取义，曲解殡仪馆的服务行为和结果，并通过谈判、曝光、法律诉讼等方式寻求经济赔偿。

二、防腐整容业务纠纷多发的原因

（一）部分社会舆论及媒体误导

近年来，当逝者近亲属对殡仪馆提供的防腐整容服务不满时，有的会选择自媒体或新闻媒体的方式来公开"曝光"，寻求社会舆论的支持。而通过网络、报刊等媒体平台所传播的事件往往容易被夸大，使一些社会民众产生错误认知，并对殡仪馆造成负面影响，在服务的最终效果与家属预期存在较大偏差时，易导致治丧纠纷和冲突。

（二）殡仪馆管理力度不够

随着殡仪馆各种服务项目的增加，殡仪馆没有及时制订切实可行的措施，部分管理人员对殡仪馆改革中出现的新问题没有认真学习研究，遇到业务纠纷往往敷衍塞责。同时，殡仪馆技术人员的自我保护意识不强，缺乏严谨的工作态度，不遵守规章制度。

三、防腐整容业务纠纷的处理原则

（一）及时响应原则

无论是何种业务纠纷，在服务行业遇到纠纷应该做到及时响应。当家属对服务表现出不满时，服务机构就要第一时间出来响应，以表明对此次事件的重视。因为，工作人员的怠慢可能会严重地刺伤家属情绪，让家属对服务机构处理的动机产生怀疑，降低信任度，更严重的可能会造成二次投诉等。及时响应是一种态度，在纠纷危机处理过程中，家属首先感受到的是一种态度。

（二）理智处理原则

既然业务纠纷已经发生，服务机构就应该保持理性的心态去面对它，冷静地和对方沟通。通常，防腐整容服务项目所引起的纠纷都是结果投诉，即家属对预期效果和事实结果的差距无法接受，从而导致对执行程序产生质疑。应以推断过错的方式去界定责任归属的问题。常规民事责任的界定主要是以"谁主张，谁举证"为原则，但遗体服务为特殊服务项目，家属无法在执行过程中取证，所以殡仪馆工作人员就要在操作过程中将容易产生纠纷的过程记录并保存下来，以便在纠纷中作为佐证资料。防腐整容服务承担责任以是否存在过错为标准。

理论上认定行为人是否有过错的标准有两个。一是主观标准，即根据行为人主观上的预见能力来确定其是否能够预见其行为的后果。若行为人主观上无法预见自己的行为引起的结果，他对此结果不负任何责任；若能够预见某种结果，则应承担责任。二是客观标准，即根据事先确定的某种统一客观的预见能力为标准来衡量行为人的行为是否有过错，这一客观标准是不以某个具体人的预见能力为标准，而是以适用于一般正常人的预见能力为标准，具有客观性。在我国司法实践中，一般采取主客观标准相结合的方式来判断行为人是否有过错。

处理类似的纠纷问题时，第一，要了解危机影响的严重性，锁定处理纠纷的家属群体的实际情况和诉求。第二，了解执行过程中是否存在违规操作的行为，同时需要出示具体的举证材料，从而证明过程与结果之间是否存在必然的因果关系。第三，如实向家属公布调查情况，不对假设性的问题提出个人的见解和看法。第四，以平易近人的态度，保持一种良好的沟通。第五，在调查清楚事实情况后，要迅速与相关部门或有关领导汇报沟通，并迅速研究和拿出解决方案，果断根据事态的发展进行积极处理。第六，根据事件发生情况，处理过程和结果以书面形式制作处理纠纷的评估报告，将纠纷处置作为一份完整的危机处理档案或学习资料进行保存。

（三）降低损失原则

止损是在纠纷中需要考虑的另一个原则，降低损失主要分为两方面。一方面，通过其他的服务方式来妥善地解决委托事宜未能解决的问题。例如，遗体防腐主要是家属希望殡仪馆通过专业的技术手段保护逝者的遗体，以便在之后的运输或者殡仪活动中使遗体处于正常状态。在询问家属的具体需求后，作为补偿行为，可以根据家属的行程安排优先执行后续服务，甚至增加或推荐一些增值服务作为补偿。另一方面，从企业的管理角度而言，控制因纠纷产生的不良社会效应和实际经济损失，从而以最小的损失来化解纠纷产生的不良后果和社会影响。

第三节　技术人员应具备的法律意识和能力

法律是调整人们行为的规范，随着社会发展，人们的法律意识不断增强，法律的作用也越来越重要，与人们工作和生活产生的关系也越来越密切。作为殡葬行业的技术人员，学习和掌握必要的法律知识，不仅是实现自身价值的需要，更是企业发展的需要。

一、工作事故的识别

（一）是非识别

拥有正确的是非观，是殡葬工作者的职业道德标准之一。我们的生活或工作中许多事都离不开价值判断，凡事都有好坏是非之分。在特殊的服务行业中就更加要求技术人员要具有分辨善恶是非的能力。殡葬行业的特殊性不仅在于技术人员需要和遗体接触，更主要的是行业本身的公益属性和政府背景，以及社会的伦理道德标准等。

所谓"是"是指对的、正确的，所谓"非"是指不对的、错误的，"是非"是指事理的正确与错误。所谓"善"就是满足人们需要的合理性，满足需要是从人本身出发的。人的需要可以分许多层次。所谓"合理地"是指满足形式的客观合理性，就社会而言，是在社会当中个人需要的满足不能损害他人的利益。在非正常遗体防腐整容工作中所遇到的遗体大多具有法律纠纷，从而使工作中经常会遇到某些委托人的"特殊需求"。例如，利用职务之便干预司法取证，或者私自售卖侵犯他人名誉权的遗体影像资料，或是为了获取不正当的经济利益，或是为了逃避责任而作出错误的选择，这都是有违良知的。

良知是是非道德的标尺，也是每一位殡葬人的职业道德。在每一次接触、判断、处理各种事情的过程中，通过道德的陶冶、法律的知悉、榜样的选择、分析能力的提高、理想的确立等途径，一个人的是非善恶观就会逐渐清晰和坚定起来。

（二）类型识别

在防腐整容中发生的事故，根据不同的结果可以分为技术型和责任型。技术型事故主要是技术人员自身在操作过程中，由于技术方法掌握不熟练、对事故原因和发展预判错误，以及选择错误的操作方式导致防腐整容失败的事故。此类事故出于技术人员个人技术技能原因，例如，防腐操作时注射点选择错误，遗体质量判断错误等。而责任型事故的主导因素是工作缺乏责任心，例如，使用了过期的防腐液，输液过程中设备无人看管导致输液量超出正常计量等。无论是何种类型的事故，事故本身是可以通过规范的方式方法进行预防的。在此原则基础上，分析事故发生的原因和类别，以及事故隐患与后果存在的偶然性关系，并研究防止事故发生的理论和方法。

（三）性质识别

任何事故的出现总是有原因的，事故与原因之间存在着必然的因果关系。为了使预防事故的措施有效，首先应当对事故进行全面的调查和分析，准确地找出直接原因、间接原因以及基础原因。所以，有效的事故预防措施，来源于深入的原因分析。

在引起事故的各种原因之中，技术原因、教育原因以及管理原因是三种重要的原因，必须全面考虑，缺一不可。针对这三种原因产生的相应的对策分别是技术对策、教育对策及法制（或管理）对策。这是事故预防的三根支柱，发挥这三根支柱的作用，事故预防就可以取得满意的效果。如果只是片面地强调某一根支柱，事故预防的效果就不会理想。

二、发生事故的应急处理

由于遗体的生物特性，在进行防腐或整容操作时，其最终的服务效果存在较多的不确定性。管理人员在前期对业务事故应具有预见性，对过失造成遗体损害的情形、损害造成的后果以及应急处置的技术手段等，要予以充分的考虑并制定相应的应急处理预案。

（一）运用技术手段进行弥补

确认过失行为造成的损害程度，针对其进行必要的辅助检查，制定补救措施方案；为了减轻过失行为造成的损害后果，根据补救措施方案采取技术手段弥补；为了避免过失行为导致的业务纠纷，采取必要的其他措施（执行相关的法律法规等）。

（二）收集资料并检查记录

遗体防腐整容事故发生之后，对前期的遗体状态记录、防腐整容预案以及操作过程的视频资料等要进行逐一检查。组织相关的技术专家进行讨论分析，调查判定事故发生的主要原因，并以书面形式形成有效的分析报告。将相关分析资料按照操作流程的顺序进行分类保存，作为责任划分的重要证据。检查造成遗体损害的创口、操作过程中使用的工具以及化学试剂。特别是化学用品，需要严格检查其使用时效、药剂浓度，并对配比计量等进行全面分析。

（三）遗体的后期保存

无论遗体损害程度如何、补救措施是否到位，在事故纠纷未解决前遗体都应该进行妥善的保存。遗体后期的保存方式需要与逝者近亲属进行进一步的协商。

（四）向相关管理部门汇报

发生业务事故后，纠纷处理人员应将调查情况、事故原因、原因分析材料以及业务操作过程所收集的资料一并呈交给相关管理部门，并进行汇报说明。

案例分析

案例一：防腐整容过程中的侵权纠纷

案情简介：

某艺人在工作中猝死，经抢救无效过世，遗体被送到殡仪馆保存。由于是当红明星，众多的粉丝与社会民众对事件发生和死亡原因的关注度非常高，外界对此事充满了各种猜测，殡仪馆也因此事接到外界各种想要了解遗体状态的电话。殡仪馆非常重视这件事情，与逝者家属协商后随即启动并实施了最高级别的内部管控，但艺人遗体的照片还是被泄露出来，并在网络上传播。一时间社会上对逝者的死因流传出各种版本，逝者亲属对此事非常气愤，在办理完治丧事宜之后，以侵害逝者肖像权的理由将传播遗体照片的网站和殡仪馆告上了法庭。

案例二：防腐整容过程中的质量纠纷

案情简介：

某殡仪馆接到一具高速公路车祸遗体，遗体头面部损伤非常严重。家属到殡仪馆办理业务时，提出希望殡仪馆能够为亲人进行整容的请求。殡仪馆觉得自己的技术人员不可能处理好这样一具遗体，所以在前期洽谈时告知家属整容的费用非常昂贵，希望家属能够知难而退。谁知家属执意要求进行整容修复，殡仪馆在与逝者亲属签订整容协议后执行服务。最后将整容后的遗体呈现在家属面前时，家属觉得完全就是另外一个人，于是来参加仪式的亲属和殡仪馆发生了争执，并把殡仪馆告上了法庭，要求进行经济和精神上的赔偿。

第五章
案情分析

思考与练习

1. 什么是遗体服务的委托行为？
2. 在防腐整容服务中，有哪些情形不属于殡葬业务责任？
3. 防腐整容业务纠纷有哪些种类？
4. 防腐整容业务纠纷的处理原则有哪些？
5. 试述防腐整容技术人员应具备的法律意识和能力。

第六章
遗体火化法规与政策

章前导读

自1956年以来,国家积极推行殡葬改革,即提倡火葬、限制土葬,"遗体火化"这一殡葬术语开始被人们熟知。目前,我国遗体火化率逐年提高,火化已逐渐成为处理遗体的科学方法及主要殡葬方式。本章主要介绍正常死亡、非正常死亡和传染病死亡的遗体火化及环境保护等的相关法规与政策。

学习目标

知识目标

① 掌握不同种类遗体的火化处置要领。
② 了解不同种类遗体妥善处置的方法。
③ 熟知传染病死亡遗体火化的法律规定。

能力目标

具备应对非正常死亡或传染病死亡遗体的安全处置能力。

素养目标

提高遗体火化的法律意识和法律素质,依法依规火化遗体。

第一节　正常死亡遗体火化法规与政策

一、正常死亡的定义

死亡是指丧失生命，生命终止，停止生存，是生存的反面。哲学上说，死亡是生命（或者事物）系统所有的本来的维持其存在（存活）属性的丧失且不可逆转的永久性的终止。正常死亡是指老死或器官衰竭而死。从人死亡时起，该遗体生前承载的一切法律关系归于消灭。

二、正常死亡遗体火化规定

根据国务院《殡葬管理条例》有关规定，正常死亡遗体属于火化区的要到殡仪馆进行火化，属于土葬改革区的在指定公墓安葬，禁止在公墓和农村公益性墓地以外的其他任何地方埋葬遗体、建造坟墓。火化区火化遗体必须凭公安机关或者国务院卫生行政部门规定的医疗机构出具的死亡证明办理丧事活动。尊重少数民族的丧葬习俗，自愿火化的他人不得干涉，殡仪馆要给予火化。

外国人在国内正常死亡，其亲属要求将遗体外运或其亲属要求将遗体、骨灰运回属地火化、安葬的，要按国家八部委《关于尸体运输管理的若干规定》执行。

所有城乡居民在本辖区范围内死亡后，丧属应与当地殡仪馆联系，由当地殡仪馆派出殡葬专用车接运遗体，并办理以下手续：医疗机构或公安机关出具的死亡证明；无名、无主和非正常死亡的，由公安机关出具死亡证明；遗体火化后，殡仪馆出具火化证。

根据《民政部关于进一步做好遗体火化工作的通知》（民事函〔1993〕64号）第二条规定："切实加强火化遗体的管理工作。要严格遗体火化的时限。一般情况下遗体应在72小时内火化；传染性遗体应在24小时内火化；特殊情况的遗体的存放时间最长不超过90天，超过期限的应协商有关部门进行处理。要严格死亡证明和注销户口证明的查验、遗体的确认、家属签字等各种火化遗体的手续。要确保遗体火化的质量，坚决防止出现为了节省燃料导致燃烧不充分，使骨灰质量下降的问题。严禁采用闷尸的方法，以免因此而造成严重空气污染。要切实搞好遗体火化间的卫生，工具摆放整齐有序，严格定期消毒制度。"殡仪馆对遗体进行火化后，应及时向丧事承办人出具由省人民政府民政部门监制的遗体火化证。各地火葬区遗体火化启动时，省、市行政区域内的党政机关、人民团体、企事业单位（含中央、省、市驻宜单位）所有在职干部职工及离退休人员和火葬区范围内农业人口、城镇居民死亡后一律实行火化，骨灰统一到公墓安葬，禁止乱埋乱葬。

《民政部、国家民委、卫生部关于国务院〈殡葬管理条例〉中尊重少数民族的丧葬习俗规定的解释》（民事发〔1999〕17号）第二条规定："在火葬区，对回、维吾尔、哈萨克、柯尔克孜、乌孜别克、塔吉克、塔塔尔、撒拉、东乡和保安等10个少数民族的土葬习俗应予尊重，不要强迫他们实行火葬；自愿实行火葬的，他人不得干涉。"因此，除这10个少数民族自愿选择火化外，火葬区内的火化对象凡不进行火化自行安葬遗体的，经告知仍不实行火化的，将采取综合执法措施。丧属阻碍殡葬管理工作人员依法执行公务，聚众闹事，或者侮辱、殴打殡葬管理工作人员的，由公安机关按照《中华人民共和国治安管理处罚法》的相关规定，予以处罚；构成犯罪的，依法追究刑事责任。逝者直系亲属是党员、干部的，依照有关规定给予党纪、政纪处分；构成犯罪的，依法追究刑事责任。

第二节　非正常死亡遗体火化法规与政策

一、非正常死亡遗体的定义

非正常死亡遗体在法律上具有举足轻重的证据地位。在民事侵权伤害以及刑事被害案件中，遗体的解剖鉴定对案件的定性、责任承担、定罪量刑具有重要意义。《中华人民共和国刑事诉讼法》（以下简称《刑事诉讼法》）第一百二十八条规定："侦查人员对于与犯罪有关的场所、物品、人身、尸体应当进行勘验或者检查。在必要的时候，可以指派或者聘请具有专门知识的人，在侦查人员的主持下进行勘验、检查。"

值得说明的是，《刑事诉讼法》用的是"死因不明的尸体"的概念，其范围比"非正常死亡尸体"的范围窄。《刑事诉讼法》第一百三十一条规定："对于死因不明的尸体，公安机关有权决定解剖，并且通知死者家属到场。"这里的"死因不明的尸体"的概念，包含了人的主观判断，究竟何为"死因不明"，何为"死因明确"，侦查机关有绝对的判断决定权，跳过此解剖步骤只需结论为"死因明确"即可。

二、非正常死亡遗体火化规定

《中华人民共和国国境卫生检疫法》（以下简称《国境卫生检疫法》）、《中华人民共和国治安管理处罚法》（以下简称《治安管理处罚法》）、《医疗事故处理条例》等都对非正常死亡遗体进行了规定。

《国境卫生检疫法》第十二条第二款规定："因患检疫传染病而死亡的尸体，必须就近火化。"《治安管理处罚法》第六十五条规定，在公共场所停放尸体或者因停放尸体影响他人正常生活、工作秩序，不听劝阻的行为属于妨害社会管理的行为，处五日以上十日以下拘留；情节严重的，处十日以上十五日以下拘留，可以并处一千元以下罚款。《医疗事故处理条例》第十九条规定："患者在医疗机构内死亡的，尸体应当立即移放太平间。死者尸体一般不得超过2周。逾期不处理的尸体，经医疗机构所在地卫生行政部门批准，并报经同级公安部门备案后，由医疗机构按照规定进行处理。"

三、重大突发事件遇难人员遗体处置相关规定

《重大突发事件遇难人员遗体处置工作规程》（民发〔2017〕38号）第五章对重大突发事件遇难人员遗体处置进行了明确的阐述，对非正常死亡遗体的处理有一定指导意义。

《重大突发事件遇难人员遗体处置工作规程》第三十条至三十六条规定：对能够确认身份的遇难人员，殡仪服务机构应当凭死亡证明和家属同意火化确认书火化遗体。死亡证明由负责尸检的公安机关或者负责救治的医疗卫生机构出具。遇难人员遗体火化前，火化工作人员应当对遗体编号、逝者姓名、性别、年龄等情况，逐一进行核对，确认无误后，方能火化。火化工作人员应当提前对火化设备进行清理检查、模拟操作，确保运转正常。如火化设备需长时间连续运转的，应当安排相关专业技术人员到场提供技术保障。火化结束后，殡仪服务机构应当

与遇难人员家属办理骨灰移交手续，核对家属身份信息，进行移交签字确认，并出具火化证明。对无人领取的骨灰，由殡仪服务机构统一编号，按照有关规定处理。对事发地属于土葬改革区且不具备火化条件的，可以对遇难人员遗体进行土葬处理。土葬时，应当整齐排放遗体，确保安葬位置、遗体、编号一一对应。对遇难人员家属提出火化遗体要求的，可安排附近具备火化条件的殡仪服务机构提供火化服务。遇难人员遗体处置工作结束后，疾病预防控制机构应当指导殡仪服务机构做好设施设备清理消毒、殡仪废弃物无害化处理等后续工作。承担应急任务的殡仪服务和安葬服务机构应当建立遇难人员遗体处置档案，做好遗体接运、存放、告别、火化或土葬、骨灰移交等相关信息记录与保存工作，并确保信息安全。

四、非正常死亡遗体火化所需证件

意外及非正常死亡办理火化手续所需证件：死亡地点所属公安局派出所或刑警大队开具的"死亡证明书"或"火化通知书"、逝者身份证或户口本以及直系经办人身份证或户口本。

车祸死亡办理火化手续所需证件：车祸出事点所属公安局交警队开具的"遗体处理通知书"、逝者身份证或户口本以及直系经办人身份证或户口本。

工伤死亡办理火化手续所需证件：死亡地点所属公安局派出所或刑警大队开具的"死亡证明书"或"火化通知书"、逝者身份证或户口本、直系经办人身份证或户口本以及赔偿协议书（双方都须加盖公章和手印）。

特别注意的是，死亡证明需要有加盖死亡证明的单位公章方可办理火化。

第三节　传染病死亡遗体火化法规与政策

传染病是一种能够在人与人之间或人与动物之间相互传播并广泛流行的疾病，可以通过感染者个体或其体液、排泄物以及感染者所接触的物体，如空气、水源、土壤等各种途径传播。传染病死亡遗体对接触他们的殡葬工作人员、安葬地及周围的环境都具有很大的危险性，因此传染病死亡遗体的火化及消毒十分重要。我国相关法律法规及政策都对传染病死亡遗体处理和丧事活动管理作了明确规定，各省市也有具体实施要求。

一、传染病死亡遗体火化规定

我国对传染病死亡遗体根据危害程度分类处理：甲类传染病和其他危害特别严重的，要立即消毒，就近火化；乙类传染病中危害严重的，一般也要消毒后火化；其他乙类和丙类传染病，在火葬区的要消毒后火化，在土葬区的要消毒后深埋。对传染病死亡遗体要按照规定消毒，对被传染病污染的环境和物品要严格消毒。《传染病防治法》第四十六条规定："患甲类传染病、炭疽死亡的，应当将尸体立即进行卫生处理，就近火化。患其他传染病死亡的，必要时，应当将尸体进行卫生处理后火化或者按照规定深埋。为了查找传染病病因，医疗机构在必要时可以按照国务院卫生行政部门的规定，对传染病病人尸体或者疑似传染病病人尸体进行解剖查验，并应当告知死者家属。"

《中华人民共和国传染病防治法实施办法》第五十五条规定："因患鼠疫、霍乱和炭疽病死亡的病人尸体，由治疗病人的医疗单位负责消毒处理，处理后应当立即火化。患病毒性肝炎、伤寒和副伤寒、艾滋病、白喉、炭疽、脊髓灰质炎死亡的病人尸体，由治疗病人的医疗单位或者当地卫生防疫机构消毒处理后火化。不具备火化条件的农村、边远地区，由治疗病人的医疗单位或者当地卫生防疫机构负责消毒后，可选远离居民点五百米以外、远离饮用水源五十米以外的地方，将尸体在距地面两米以下深埋。"

在华外国人及港澳台人士因传染病病毒感染在境内死亡的遗体，按照《传染病防治法》第四十六条的规定，遗体必须就地处置，就近火化。婴幼儿、儿童传染病患者遗体也要参照上述规定进行。对传染病患者（包括采用隔离观察等防控措施的人员）的遗体，按照"疑似从有"的原则处理，防止传染病扩散。

我国部分民族自治区域可根据《中华人民共和国传染病防治法实施办法》做出变通规定，边远落后没有火化设施的地区，可以采取土葬。如2003年6月传染性非典型肺炎疫情期间新疆维吾尔自治区公布的《关于贯彻卫生部、民政部、国家民委、国家宗教局〈关于做好传染性非典型肺炎患者遗体处理和丧葬活动的紧急通知〉的意见》（新民宗委〔2003〕73号）中的第二条规定，鉴于我区一些地州市没有火化场，立即建设火化场确实有困难等实际情况，"非典"患者死亡地距离火化场超过70公里的地区，其遗体由救治医院严格消毒后，进行适当的卫生学处理并装入符合要求的塑料袋密封，进行深埋处理。埋葬场地要远离居民区、饮用水源 5 公里以外,土质要干燥,并且在距离地面 2 米以下深埋。要本着相对集中的原则,及早选择"非典"遗体土葬专用场地。另外,禽流感死亡遗体按规定作为甲类传染病进行预防、控制,但其遗体并没有要求必须立即火化。

地方出现传染病死亡遗体要严格按《重大突发事件遇难人员遗体处置工作规程》第二章第六条及第七条的规定:事发地县级以上地方人民政府应当根据重大突发事件性质、特点以及遇难人员情况,成立遗体处置协调机构,或者由民政等有关部门按照各自职责,负责遇难人员遗体处置及相关善后事宜。必要时,上级民政部门及其他有关部门给予工作指导和协调支持。遗体处置协调机构或者民政等有关部门应当结合实际,听取有关专家意见,研究制定遇难人员遗体处置工作方案,明确职责分工,对遗体处置及相关善后事宜作出部署安排。

二、传染病死亡遗体处置方法

按照"以人为本、依法规范、及时稳妥、就近火化、疑似从有"的原则,要科学规范处置传染病患者遗体,加强卫生防护,防范疾病传播风险。根据规定,传染病患者死亡后,由所在医疗机构报告本级卫生健康行政部门,卫生健康行政部门通报本级民政部门,民政部门通知相关殡仪馆做好遗体接运、火化等准备工作。对于死亡的传染病患者遗体,由所在医疗机构医务人员按照《传染病防治法》《殡葬管理条例》等法律法规的有关规定,对遗体进行消毒、密封,密封后严禁打开。

医疗机构应当在完成遗体卫生防疫处理、开具死亡证明、联系亲属同意火化后,第一时间联系殡仪馆尽快上门接运遗体,并在遗体交接单中注明已进行卫生防疫处理和立即火化意见。对传染病患者亲属拒不到场或拒不移送遗体的,由医疗机构、殡仪馆进行劝说,劝说无效的,由医疗机构签字后,将遗体交由殡仪馆直接火化,辖区公安机关配合做好相关工作。

遗体运送到殡仪馆后,殡仪馆设置临时专用通道,由殡仪馆专职人员将遗体直接送入专用火化炉火化。遗体不得存放、探视,全程严禁打开密封遗体袋。火化结束后,由殡仪馆服务人员捡拾骨灰,并出具火化证明,一并交亲属取走。家属拒绝取走的,按照无人认领的遗体骨灰处理。

如发生疫情,各殡仪服务机构要制定疫情防控方案、应急预案,加强机构工作人员安全防护,积极争取各方支持配齐配足必要防护物资,进一步健全完善外来人员登记、体温监测、场所消毒和垃圾清运制度。根据特殊时期疫情防控要求，劝导群众从快从简办理丧事活动，避免人群聚集扎堆。要未雨绸缪、防患未然，按照《传染病防治法》《重大突发事件遇难人员遗体处置工作规程》，依法依规、审慎稳妥处置好因疫情感染死亡人员的遗体火化工作。

第四节　遗体火化涉及的环境保护

一、殡葬火化改革与环境保护

追溯过往，我国的土葬距今已有上千年历史。在土葬中有的修缮地宫；有的采用深埋、建造塔陵的方法；大部分采用埋葬方式，留有坟头；个别少数民族与地区则实行天葬、水葬、悬棺葬等。直到1956年老一辈无产阶级革命家倡导实行火葬后，我国殡葬改革由此拉开帷幕。

据民政部《2021年民政事业发展统计公报》数据显示：截至2021年底，全年火化遗体596.6万具，火化率58.8%。火葬的主要特点：火化后的骨灰装入骨灰盒，以少占地或不占地为目的，将骨灰盒进行安葬，主要解决土地资源紧张、资源浪费等问题。通过长期殡葬改革，我国安葬方式确实发生了质的变化，但是仍存在不足之处。比如，在火化中需要以煤、轻柴油、天然气为燃料，且遗体本身穿戴的衣物、被褥及各种随葬品，经充分燃烧后会产生大量污染物，给空气及生态环境造成的污染逐年呈现上升趋势。例如，一具60千克的遗体加上随葬品和燃烧用的柴油，将产生3千克骨灰和70多千克的烟尘、二氧化硫、氮氧化物、一氧化碳、硫化氢、氨、重金属、有机污染物等几十种有害气体。目前，经环保部门检验检测，火化污染源主要产生如下污染物：颗粒物、二氧化硫、一氧化碳、氮氧化物、氯化氢、氟化氢、重金属（汞）及含二噁英、苯并[a]芘等持久性有机污染物（Persistent Organic Pollutants，POPs）。其他污染物包括噪声、飞灰等对环境的影响也很严重。

二、遗体火化相关的环境保护法规与政策

殡葬行业遗体火化是二噁英类的重点污染源之一。二噁英类物质主要来源于

工业生产的副产物，如废弃物焚烧、钢铁和有色金属冶炼等热过程，因其剧毒性、持久性、生物累积性等特性已被列为首批需控制的持久性有机污染物。殡葬行业在火化过程中，产生的烟气如果不经处理直接排放，将会造成较高的二噁英排放。为减少二噁英的排放，我国出台了相关的法规与政策。

2010 年，环境保护部、外交部等九个部门印发《关于加强二噁英污染防治的指导意见》（环发〔2010〕123 号），该意见规定了深刻认识加强二噁英污染防治的重要意义，二噁英污染防治指导思想、原则和目标，优化产业结构，切实推进重点行业二噁英污染防治，建立完善二噁英污染防治长效机制，加强技术研发和示范推广，保障措施共七部分。

2011 年，国务院印发《国家环境保护"十二五"规划》（国发〔2011〕42 号），要求加强化学品风险防控，以铁矿石烧结、电弧炉炼钢、再生有色金属生产、废弃物焚烧等行业为重点，加强二噁英污染防治，建立完善的二噁英污染防治体系和长效监管机制；到 2015 年，重点行业二噁英排放强度降低 10%。

国际社会于 2001 年 5 月共同签署了《关于持久性有机污染物的斯德哥尔摩公约》，该公约主要内容是为了保护人类健康和环境，采取包括旨在减少和消除持久性有机污染物排放和释放的措施在内的国际行动。2004 年 6 月，全国人大常委会批准该公约。2007 年 4 月 14 日，国务院批准了中国履行斯德哥尔摩公约的《中华人民共和国履行〈关于持久性有机污染物的斯德哥尔摩公约〉国家实施计划》（以下简称《国家实施计划》），标志着我国的履约工作将全面进入实施阶段。按照《国家实施计划》，在 2015 年前，我国重点完善实现履约目标的政策法规，加强机构能力建设，按照分阶段、分区域和分行业的战略采取相应行动，进一步建立和完善持久性有机污染物清单；加强各类 POPs 削减、淘汰和控制技术研发和推广应用；采取必要的法律、行政和经济手段，以最有效的方式，预防、削减和淘汰持久性有机污染物污染。

三、遗体火化相关的环境保护标准

遗体火化与环境相关的标准主要有《火葬场大气污染物排放标准》（GB 13801—2015）、《遗体火化大气污染物监测技术规范》（MZ/T 107—2017）、《火化残余物处理处置要求》（MZ/T 104—2017）、《火葬场二噁英类污染物减排技术导则》

（MZ/T 106—2017）、《殡葬场所烟气排放连续监测技术规范》（MZ/T 146—2019）等。遗体火化过程是污染物排放的重要环节，这些标准的公布与实施是对法规、政策有力的补充，其目的是减少遗体火化过程中污染物的排放，保护自然环境。

> **案例分析**
>
> ### 案例：未取得合法证明的情况下将遗体火化
>
> **案情简介：**
>
> 　　某市公安局"110"值班室接报，在桥头侧边的水沟中有具遗体。市公安局接报后立即指示市局刑警大队会同派出所赶赴现场。经现场勘查和法医鉴定，证实逝者为男性，体表未见致命损伤，系生前落水导致窒息性死亡。就在公安机关进行逝者身份调查时，市殡仪馆接到镇政府民政办的通知，安排人员将遗体接运至殡仪馆。之后，民政办工作人员作为遗体亲属代表签字，对该具遗体进行了火化。市公安局经对逝者指纹、脚印进行对比后认定逝者为刘生（化名），于是通知逝者所属派出所，让家属到公安局进行遗体辨认，但当晚未见到刘生父母。第二日，刘生父母知道后立即赶往派出所，想对遗体进行进一步辨认，但却被告知遗体已于昨日被火化。
>
> 　　刘生父母决定为自己和死去的儿子讨一个说法。经查，市殡仪馆《火化通知书》上家属签名，清楚地填写了"镇政府民政办×××"的名字，而市公安局以及派出所从未就该遗体向市殡仪馆出具过火化证明。

思考与练习

1. 正常死亡遗体火化规定有哪些？
2. 遗体火化的具体时限规定有哪些？
3. 非正常死亡遗体火化需要提供哪些证件？
4. 简述传染病死亡遗体火化的相关规定。
5. 遗体火化对环境的影响有哪些？

第七章
安葬、祭扫及墓地服务法规与政策

章前导读

安葬、祭扫及墓地服务是殡葬工作的后期程序。本章主要介绍骨灰的性质、所有权、运输、寄存，以及安葬服务、祭扫服务、墓地服务等方面的法规与政策。

学习目标

知识目标

① 掌握安葬与祭扫中对骨灰及其所有权、运输、寄存和丧葬事宜处理的相关规定。
② 了解安葬权的概念及相关规定。
③ 熟悉墓地服务的内容。

能力目标

具备依法依规为葬、祭服务对象提供服务的能力。

素养目标

弘扬和传承我国孝文化，提倡绿色生态的安葬理念，引导节地生态、移风易俗的殡葬活动新风尚。

第一节 骨灰相关的法规与政策

一、骨灰的性质和所有权

（一）骨灰的性质

人去世以后，其人身并不随即消灭，在相当长的一个时期内将遗存在社会中，其物质性遗存主要是逝者的遗体、遗骸或骨灰。根据《殡葬术语》的国家标准规定，骨灰是指遗体火化后所留下的灰烬。骨灰作为人去世后经火化转化而成的物质形态，具有物的客观属性，且能够被人们以埋葬、祭奠等方式实际支配或控制。骨灰与遗体一样承载着一定的道德和伦理意义，对逝者的亲人具有精神价值。所以骨灰具备法律意义上物的属性，其性质应为物。

同时，骨灰有别于逝者遗留下来的其他遗产，是特殊的物。骨灰不仅仅是一种单纯的物质，对逝者来说，是其人格利益的延伸，具有人格象征意义；对逝者近亲属来说，是人们表达对逝去亲人的哀痛与思念的载体，是一种寄托哀思的具有特殊意义的物。

（二）骨灰的所有权

骨灰虽然是物，但由于其属于具有人格象征意义的特定纪念物品，因此在不违背法律和公序良俗的情况下，自然人生前可以根据自己的意愿预先对将来代表其人格利益的骨灰作出合理安排，比如骨灰安葬的方式、安葬的地点、由谁管理等。所以骨灰的归属，应尊重逝者生前以遗嘱或其他形式明确表示死后骨灰的归属或者明确安排的丧葬事宜来处理，而不是把骨灰看成逝者的其他遗产，简单地用推定的方式得出骨灰的所有权由谁取得的结论。自然人生前对骨灰作出安排时，骨灰并没有产生，尚属于不存在之物，所以不能理解为对其所有权的支配，而是一种人格利益的体现，其法律效力从权利人死亡时开始。

如果逝者生前未对骨灰或者丧葬的相关事宜作出明确安排，在不违背法律和公序良俗的前提下，骨灰可以作为逝者的遗产按照法定继承处理。如果在同一顺序的继承人中对骨灰的归属存在争议，要遵守协商一致、少数服从多数的原则。一般情况下，应当确认由该顺序内的所有继承人共同继承，因为对骨灰的处理不仅体现为权利，也是一种义务，由所有继承人共同安排骨灰或丧葬事宜符合社会普遍的道德观念；特殊情况下，应当参照"最亲密关系原则"，由逝者生前最亲密的亲属或共同生活的亲属拥有骨灰的所有权。

享有骨灰所有权的亲属可依法对骨灰行使占有、使用、收益和处分的权利。由于骨灰是特殊的物，其精神利益远大于物质利益，所以对骨灰所有权的行使理应受到限制，不得非法利用、损害骨灰，或者以违反社会公共利益、社会公德的其他方式侵害骨灰，而只能以埋葬、祭奠、管理等合乎法律及公序良俗的方式为之。对骨灰所有权的行使不仅不得违背法律和公序良俗，而且不能阻碍其他相关人员行使参加丧葬礼仪、祭奠活动、表明身份、保护祭奠性纪念物品不受损害等有关祭奠的权利。

综上分析，在不违背法律和公序良俗的前提下，对骨灰的处理首先应当尊重逝者生前的安排，其次在继承法律规定的框架内予以处理。逝者生前的安排属于人格权范畴，而逝者继承人对骨灰的处理是对骨灰所有权的支配，体现为财产权。在人身权与财产权发生冲突时，从权利位阶的角度，也应当首先尊重逝者的安排。

二、骨灰运输的法律规定

骨灰运输的规定较少，在民用航空运输中对此有相关的规定。《中国民用航空货物国内运输规则》第三十一条规定："骨灰应当装在封闭的塑料袋或其它密封容器内，外加木盒，最外层用布包装。"实践中，无论采取何种方式运输，骨灰都应当按上述方式包装方可运输。

三、骨灰寄存的相关规定

骨灰寄存是指在遗体火化后到骨灰安葬（安放）期间，殡仪馆等机构提供骨灰放置或存放服务。目前，我国对骨灰寄存的专门法律规定非常少，在司法实践中将殡仪馆等机构对骨灰的寄存视为保管合同的一种，审理此类纠纷时也以《民法典》的相关规定为依据。

根据《民法典》第八百八十八条至八百九十五条对保管合同的规定，其主要内容是：保管合同是保管人保管寄存人交付的保管物，并返还该物的合同。寄存人到保管人处从事购物、就餐、住宿等活动，将物品存放在指定场所的，视为保管，但是当事人另有约定或者另有交易习惯的除外。寄存人应当按照约定向保管人支付保管费。当事人对保管费没有约定或者约定不明确，依据《民法典》第五百一十条的规定仍不能确定的，视为无偿保管。保管合同自保管物交付时成立，但是当事人另有约定的除外。寄存人向保管人交付保管物的，保管人应当出具保管凭证，但是另有交易习惯的除外。保管人应当妥善保管保管物。当事人可以约定保管场所或者方法。除紧急情况或者为维护寄存人利益外，不得擅自改变保管场所或者方法。寄存人交付的保管物有瑕疵或者根据保管物的性质需要采取特殊保管措施的，寄存人应当将有关情况告知保管人。寄存人未告知，致使保管物受损失的，保管人不承担赔偿责任；保管人因此受损失的，除保管人知道或者应当知道且未采取补救措施外，寄存人应当承担赔偿责任。保管人不得将保管物转交第三人保管，但是当事人另有约定的除外。保管人违反前款规定，将保管物转交第三人保管，造成保管物损失的，应当承担赔偿责任。保管人不得使用或者许可第三人使用保管物，但是当事人另有约定的除外。

因骨灰是一种特殊的物，在所有权占有、使用、收益和处分四个权能中，占有和处分受法律严格限制，只能以埋葬、管理、祭扫等为内容，且不能随意抛弃，与其他物有很大区别。同时，骨灰虽是物，但其人格意义要大于财产意义，因此产生纠纷时，争议较大的是能否进行精神赔偿及赔偿金额。这是很多法院在审理骨灰所有权纠纷或骨灰寄存纠纷时遇到的难题。

作为骨灰寄存的机构，应尽量避免纠纷发生，在工作中注意以下几个方面：应与拥有骨灰所有权的当事人签订骨灰保管合同；领取骨灰时应要求领取人提供相关材料，办理领取手续；如果领取人不是寄存人，应及时通知寄存人，并征得寄存人同意；做好骨灰保管的档案管理工作，保持档案的完整性。

第二节　安葬法规与政策

一、安葬权

安葬权是基于中国传统文化而传承下来，由逝者亲属享有的对逝者遗体或骨灰行使的权利。安葬权是逝者生前人格价值在死后的延续，对其遗体或骨灰的安葬权体现的是一种情感价值，是逝者近亲属对遗体或骨灰享有的独立精神利益，具体包括两方面内容。

一是参加葬礼，寄托与表达对逝者的哀思。参加葬礼的精神利益在一般情况下具有可共享性，不具有独占性，所以第一顺序与第二顺序的法定继承人以及按照殡葬习俗参加葬礼的其他亲属对安葬都享有精神利益，都有权参加逝者的葬礼。

二是决定安葬方式和地点。首先应尊重逝者的意愿，逝者生前确定遗体或骨灰的安葬方式和地点如不违反法律和公序良俗，应尊重逝者遗愿。在逝者没有对安葬方式和地点的明确意思表示的情况下，安葬决定权或者参与表决权应按照《民法典》规定的法定继承的顺序，第一顺序继承人的意思表示优先并且排斥第二顺序继承人。同一顺序的继承人享有平等的决定权。在同一顺序继承人对安葬方式和地点达不成一致意见的情形下，应按照尊重传统风俗习惯的原则，司法实践中，一般依最亲近原则来确定逝者的安葬权的归属。殡葬服务机构与殡葬工作人员应在确定安葬权归属后提供服务，以免卷入纠纷。

二、安葬方式

在我国，安葬的方式主要有火葬、土葬和其他安葬方式。自1956年国家推行殡葬改革以来，在国家领导人和党员、干部的带领下，各级政府在遵守殡葬法律法规的前提下，结合本地实际，逐步推进火化区的拓展。经过多年努力，至2021年，全国火化率达到58.8%，北京、上海、广州等为首的一二线城市火化率达到或接近100%。

国务院《殡葬管理条例》和民政部《公墓管理暂行办法》对安葬进行了具体规定。《殡葬管理条例》第四条规定："人口稠密、耕地较少、交通方便的地区，应当实行火葬；暂不具备条件实行火葬的地区，允许土葬。"《殡葬管理条例》第五条规定："在实行火葬的地区，国家提倡以骨灰寄存的方式以及其他不占或者少占土地的方式处理骨灰。"《公墓管理暂行办法》第二条规定："在火葬区，要提倡骨灰深埋、撒放等一次性处理，也可经批准有计划地建立骨灰公墓，在土葬改革区，应有计划地建立遗体公墓或骨灰公墓。"

三、公墓安葬服务标准

民政部颁布实施的《公墓安葬服务》(MZ/T 036—2012)行业标准规定了安葬服务流程、安葬服务质量要求和安葬服务评价与改进等要求。安葬服务人员应熟悉工作地的安葬风俗，熟练掌握所在岗位操作规范及流程。安葬服务人员要做好安葬服务各项准备工作，核实确认客户安葬业务信息后，填写《安葬服务通知单》《安葬服务登记表》。依据与客户约定内容，进行落葬服务。如遇不可抗力等因素不能如期安葬，应与客户协商变更时间，对客户的投诉应及时处理和回复。在服务过程中，应依法依规，不得影响其他客户，同时应尊重逝者的民族习俗与宗教信仰，体现健康、文明的时代风尚。

四、其他安葬服务法规与政策

（一）其他安葬服务的含义

其他安葬服务是指公墓安葬之外的安葬服务，如树葬、花葬、草坪葬、骨灰海葬、骨灰散撒等。近年来，越来越多的人接受了这些不占或少占土地、少耗资源、少使用不可降解材料安葬骨灰的方式。

（二）《关于推行节地生态安葬的指导意见》

生态文明建设，关系人民福祉，关乎民族未来。为深入贯彻党中央、国务院加快推进生态文明建设和党员干部带头推动殡葬改革的决策部署，进一步深化殡葬改革，推行节地生态安葬，保护生态环境，促进人与自然和谐相处，民政部、发展改革委、科技部、财政部、国土资源部、环境保护部、住房城乡建设部、农业部、国家林业局等九部门于2016年联合印发了《关于推行节地生态安葬的指导意见》，其主要内容如下。

1. 指导思想

坚持保障群众基本安葬需求，坚持节约资源、保护环境，把以人为本、生态文明的理念贯穿于殡葬改革全过程，加大节地生态安葬公共服务产品供给，提供优质人文安葬服务，加强政策激励引导，使满足安葬需求与保护资源环境协调推进，促进形成人与自然和谐发展新格局。

2. 基本原则

包括四个方面：一是政府主导，社会参与。二是节约资源，保护环境。三是注重引导，创新发展。四是分类指导，统筹推进。其主要目标是：到"十三五"末，在巩固和提高全国年均火化率的基础上，较大幅度提高节地生态安葬比例，建成一批具有示范效应的节地生态安葬设施，初步形成覆盖城乡的节地生态安葬公共服务网络，全面实行奖补激励政策，骨灰装棺再葬、乱埋乱葬和墓位面积超标得到有效治理，节地生态、移风易俗新风尚成为殡葬活动主流。

3. 主要任务

这里可以用四个"着力"来概括：第一，着力推行节地生态葬式葬法改革。按照积极有步骤地实行火葬、改革土葬的原则，科学精准地划分火葬区和土葬改革区，依法推行遗体火化、骨灰或遗体公墓内集中安葬，在此基础上，因地制宜创新和推广更多符合节地生态要求的安葬方式。第二，着力加强节地生态安葬设施建设。根据已有安葬设施情况和未来需求预测，把握总量、扩大增量、优化存量，科学规划建设节地生态安葬设施，强化安葬设施的生态功能。着力加强城镇公益性公墓、骨灰堂等基本殡葬公共服务设施建设，提供树葬、撒散、骨灰存放、小型墓等多样化节地生态安葬方式，原则上新建城镇公益性公墓的节地生态安葬率达到100%。第三，着力提高节地生态安葬服务水平。针对节地生态安葬的人群及相关服务特点，严格落实安葬服务标准，创新服务模式，优化服务流程，积极提供网上预约、服务热线、咨询窗口等便捷方式，拓展全程引导、交通保障、悲伤抚慰等服务项目，强化人文关怀，提升服务内涵，做到用心服务、便民高效。加强安葬后续日常管理，注重环境绿化美化，引导文明低碳祭扫，保持墓区整洁肃穆。推进互联网、物联网与殡葬服务融合发展。第四，着力培育现代殡葬文化。把推行节地生态安葬与倡导厚养薄葬、保护生态环境、造福子孙后代结合起来，厚植符合节地生态、绿色环保要求的安葬理念，培育具有时代特征、民族特点、群众基础的殡葬行为规范。充分依托现有殡葬设施资源，建设一批生命文化教育基地，打造优秀殡葬文化传承平台。

第三节 祭扫法规与政策

一、祭奠、祭祀及祭奠权

(一) 祭奠

祭奠通常是为逝去的人举行的仪式，表示人们对逝者的缅怀和追念，向逝去的人表达一种敬意，该仪式一般不具有周期性。在中国文化中，祭奠是一种孝文化的体现，传承了中华民族"慎终追远"的优良传统。

(二) 祭祀

祭祀与祭奠不同，祭祀是一种长期、有固定时间举行的活动。祭祀时间主要有：清明节，公历4月4日至6日之间，传统节日和二十四节气之一，又称踏青节、扫墓节等；端午节，农历五月初五；中元节，农历七月十五；农历十月初一，天气渐凉，民间有给逝者送寒衣的习惯；农历十一月十六；农历十二月二十三，俗称小年，是祭祀迎春之日。同时，每月初一、初八、十五、十九、二十三、二十九和三十祭供，另可按逝者卒日进行祭祀。

(三) 祭奠权

瞿灵敏在《司法裁判视野中的祭奠权》一文中认为："祭奠权是与死者具有特定身份关系的人以特定的仪式对死者的遗体、骨灰、墓地等能够表征死者身份的相关事物进行缅怀、凭吊、寄托哀思的权利。它不具有直接的财产内容，因而在性质上属于人身权的范畴。"

祭奠权兼具身份权和人格权属性。祭奠权的权利主体是祭奠权逝者的近亲属，是基于亲属关系而产生的一种祭奠的权利，是实现逝者近亲属人格利益的重要体现。由于《民法典》没有规定祭奠权的相关条款，司法实践中，法院大都将祭奠权纠纷作为"一般人格权"纠纷加以裁判，侵犯祭奠权比较严重时，法院往往会判处精神损害赔偿。

二、祭扫方式

传统的祭扫方式主要以整修坟墓、清除杂草和供奉祭品表达对逝者的孝敬、关怀和哀思。随着社会的进步与发展，人们更愿意采取一些健康、文明、环保和科学的祭扫方式来表现这一传统悠久的民族文化，鲜花祭扫、网上祭扫、烛光祭扫、设立家庭祭扫角、举行家庭追思会等文明祭扫方式逐渐普及。

常见的一些新型祭扫方式有：社区公祭，选派专职礼仪师进驻社区，由社区组织居民敬放过世亲属遗像、果品等，逝者家属宣读祭文，公祭群众敬献鲜花，进行缅怀；植树祭扫，群众可用植树方式祭奠故人，是一种绿色的祭扫方式；网上祭扫，市民可通过互联网表达对已故亲人的哀思，是一种符合社会潮流的纪念方式，环保方便，没有时间和地点限制。各地有关部门也千方百计创造条件，完善设施，丰富服务内容，创新服务形式，提高服务质量，为群众提供多样化的便民、利民、惠民服务，同时引导群众文明祭扫。

第四节　墓地服务法规与政策

一、墓地服务的定义

墓地服务包括公墓业务接待服务机构资质、服务设施设备、服务人员、服务流程、服务质量、服务评价与改进等。

二、墓地服务的状况

目前，全国各地的经营性公墓和城市公益性公墓内部都根据党和国家的相关政策法规，制定了本部门的服务规范和服务标准。2016年4月15日，民政部首次发布五项公墓服务行业标准，并已通过国家标准化管理委员会备案。五项标准包括《公墓业务接待》《墓体制作服务》《公墓安葬服务》《公墓维护服务》和《公墓祭扫服务》，涵盖了公墓服务各个环节。除祭扫服务标准适用于所有公墓服务机构外，其他标准重点针对经营性公墓提出明确要求。这是民政部首次对公墓服务设定基本规范，提供标准化的参照体系。

三、墓地服务的部颁标准

（一）规范公墓使用合同，明确双方权利义务

《公墓业务接待》涉及服务设施设备、服务人员、服务流程、服务质量、服务评价及改进等方面要求，重点规范了墓位使用程序及相关制式合同，明确要求公墓服务人员应以现场导购方式，详细介绍墓位区域及相应服务项目办理方法与收费标准，办理保留墓位或预订墓位手续，要填写《留墓单》及《定墓单》，正式确认时，要填写《墓位登记表》和《墓位使用合同》，合同内容至少要包括合同双方基本信息、公墓建设经营依据、墓位基本情况、合同价款及具体组成项目、维护管理费收取年限及双方权利义务。同时，还提出了墓位验收确认程序及后续服务要求，争取做到让丧属明白、合理消费。

（二）公示墓体制作信息，规范质量标准

《墓体制作服务》明确要求公墓服务人员应详细介绍产品及构件、服务受理程序、质量承诺、碑文瓷像参考样本、质量保证期及售后服务，尤其要明确墓体总价及其各部分的价格构成，告知客户更改设计、验收、预约落葬等手续办理程序，确保按照承诺和约定提供相关服务。

（三）规范安葬服务流程，维护逝者尊严

《公墓安葬服务》要求严格按照服务准备、服务接待、安葬仪式、落葬服务、封穴服务、后续服务等流程进行，并根据墓葬、壁葬、撒散等不同安葬方式提出不同落葬规范。标准要求至少提前3天核对墓位相关信息，并针对突发事件、特殊天气等非常情况制定安葬服务应急预案。安葬时应轻拿轻放，保持平稳，充分尊重逝者民族习俗与宗教信仰，体现健康文明的时代风尚。安葬后要定期巡查，保持墓位及周边环境。

（四）明确公墓维护服务要求，强化后续管理

《公墓维护服务》对安葬后的维护管理进行了明确规范，在安全维护中除要

求建立警卫和巡查制度外,还要装备必要的技术装置和设置警示标志;环境维护要保持墓园整洁,加强墓园绿化布置;维护墓位要定期巡查修整,对碑文进行描摹,始终保持墓位整洁。除非客户要求或客户责任,修整墓位不得收取任何费用。

(五)规范祭扫方式和用品,确保安全文明

《公墓祭扫服务》规范了公墓单位可供应的文明祭扫用品种类,明确要求高峰祭扫要做好前期准备,制定相关服务接待方案和突发事件处置预案,加大便民服务接待力度,并对代客祭扫、网络祭扫等新型祭扫方式的服务流程、收费标准、合同签订等内容进行了规范。祭扫服务标准还明确要求做好祭扫客户信息收集和档案管理,严格执行祭扫客户信息保密制度。

以上五项公墓服务行业标准,建构起了流程完整、内容完备、涵盖全面的墓地服务行业标准体系,必将为推动墓地服务标准化、规范化、专业化管理发挥基础性、支撑性作用。

案例分析

案例一:骨灰所有权确认纠纷

案情简介:

钱强(化名)去世时父母、妻子都已去世,女儿钱敏(化名)系其唯一合法继承人。钱强生前,女儿钱敏未与其商量擅自更名为张芳(化名),两人关系不和。钱强生病住院期间由其侄子钱勇照顾,张芳很少去医院看望。钱强去世后,钱勇没有告知张芳就操办了丧事,并将钱强的骨灰寄存在殡仪馆。张芳知道后向法院起诉,要求钱勇归还其父的骨灰。钱勇提供钱强经公证的遗嘱,声称他之所以这么做是钱强生前嘱咐由他全权办理丧事。法院经审理查明,钱强的遗嘱上写明由张芳和钱勇共同处理其遗产,并未明确提出由钱勇全权办理丧事。法院判决钱勇应归还钱强的骨灰。

案例二:私自处理父母的骨灰引起祭奠权纠纷

案情简介:

林娟、林秀、林敏(均为化名)等三姐妹与林丰(化名)系同胞姐弟、兄妹。林丰因认为父母在财产处理上偏袒女儿而与父母、姐妹不和。其父亲

去世，后事由三姐妹负责料理，父亲遗体火化后骨灰也由三姐妹出面寄存于某公墓。此后，其母亲长年生活在女儿家，林丰对母亲未尽赡养义务，同母亲、姐妹也不相往来。三年后，其母亲去世，林丰不愿参加办理母亲丧事，在被亲戚拉到丧礼现场后还同亲戚争吵、打架。其母亲遗体火化后的骨灰由三姐妹出面办理手续、支付费用，寄存于某镇安乐堂。母亲去世后第二年，林丰在未通知三姐妹的情况下，私自将父母的骨灰从寄存处领出。三姐妹知悉此事后，于同年5月向人民法院提起民事诉讼，要求林丰交出父母的骨灰。

林丰称其已将父母的骨灰一半海葬、一半土葬，骨灰已经找不到了。三姐妹认为其擅自取出父母骨灰，随便扔掉，该行为既侮辱了父母的人格，又对三姐妹造成无法拜祭父母的伤害，据此变更诉讼请求，要求其出资为父母建造一座空墓，便于今后祭拜父母，赔偿三姐妹精神损失费4000元。林丰辩称其行为系响应国家号召，不违法，也无不当，不同意三姐妹的诉请。

法院判决：法院认为，子女对逝去的父母的怀念和哀思，可用拜祭父母遗骨、扫墓等多种方式予以寄托。各子女应当相互尊重，不得以自己的寄托方式排挤其他子女的寄托方式。被告对父母骨灰所采取的处理方式既未尊重原告对逝去父母的怀念、哀思之情，又未尊重原告所信仰的对逝去父母的怀念、哀思的寄托方式，不利于家庭和睦，对原告造成了一定的精神伤害，对此被告应当承担一定的赔偿责任。据此，判决由被告林丰赔偿原告精神损失费4000元。考虑到子女对父母怀念、哀思的寄托方式的多样性，对遗骨处置的各种方式的合法性，以及对原告主张赔偿精神损失费已获支持的情况，对原告要求被告建造空墓的诉请不予支持。

第七章
案情分析

思考与练习

1. 简述骨灰的性质。
2. 简述如何按照法律制度确定安葬权。
3. 试述祭祀与祭奠的区别。
4. 简述国家对清明节期间文明祭扫的规定。
5. 试述墓地服务部颁标准的内容。

第三部分

- 第八章　殡葬设施建设法规与政策
- 第九章　殡葬设备、用品生产法规与政策

第八章
殡葬设施建设法规与政策

章前导读

殡葬设施建设是殡葬行业向社会公众提供殡葬服务的基础条件。本章主要介绍殡葬设施在设计、建造过程中应遵守的法规与政策,以及在设计建设过程中遇到的法律问题。

学习目标

知识目标

① 了解殡葬设施建设事宜中所涉及的相关法规与政策规定。
② 熟悉殡葬设施建设的内容和范围。
③ 掌握殡葬设施建设规划与环境保护之间的关系。
④ 掌握国家对殡仪馆、公墓建设的政策。

能力目标

提高殡葬设施建设相关工作人员解决殡葬设施纠纷的能力。

素养目标

宣传依法依规建设殡葬设施的重要意义,引导殡葬从业人员理解、支持、参与殡葬基础设施建设,推进移风易俗的殡葬改革工作。

第一节　殡葬设施法规与政策概述

一、殡葬设施的概念、范围和分类

殡葬设施是指能够满足群众殡葬服务需求，包括遗体和骨灰的运输、保管，以及提供殡、葬、祭、传等服务的建筑设施、专用设备、器具和场所。

根据《殡葬管理条例》第二章第七条规定，殡葬设施主要有殡仪馆、火葬场、骨灰堂、公墓、殡仪服务站等。在《殡葬服务术语》（MZ/T 017—2011）中，殡仪馆是提供遗体处理、悼念等殡仪服务活动的专用场所；火葬场是指开展遗体火化服务的专用场所；公墓（公共墓地）是指安葬遗体、骨殖和骨灰的公共设施；骨灰寄存设施是指提供骨灰收取、保管等寄存及悼念服务的专用建筑。另外，《民政部办公厅对〈殡葬管理条例〉第八条第一款规定的解释》（民办函〔2001〕122号）指出殡仪馆与殡仪服务站的主要区别是：除了土葬区的殡仪馆，火葬区的殡仪馆一般都有火葬设施，且建设规模较大、服务功能和服务项目齐全；没有火葬设施的殡仪服务网点一般称殡仪服务站。

《民政部办公厅对〈殡葬管理条例〉第八条第一款规定的解释》

依据提供殡葬服务的内容，一般将殡葬设施分为"殡"设施和"葬"设施两类。"殡"设施是指为悼念逝者的礼仪活动提供的场所及设施，如殡仪馆、火葬场和殡仪服务站，主要提供灵堂设置、遗体运输、遗体冷藏、遗体整容（整形）、遗体停放、遗体告别（悼念）、遗体火化等服务。"葬"设施是为遗体或骨灰掩埋提供的场所和设施，如公墓和陵园。

二、殡葬设施的规划管理

殡葬设施建设是城市规划建设的组成部分，住房和城乡建设部《城市用地分类与规划建设用地标准》中，将"殡葬设施用地"定性为"市政公共设施用地"。《殡葬管理条例》第七条规定："省、自治区、直辖市人民政府民政部门应当根据本行政区域的殡葬工作规划和殡葬需要，提出殡仪馆、火葬场、骨灰堂、公墓、殡仪服务站等殡葬设施的数量、布局规划，报本级人民政府审批。"根据该条款规定，省、自治区、直辖市人民政府民政部门在殡葬服务设施的规划上负有重要职责。同时,《殡葬管理条例》第八条规定,民政部门对殡葬设施的建设审批权如下:建设殡仪馆、火葬场,由县级人民政府和设区的市、自治州人民政府的民政部门提出方案,报本级人民政府审批;建设殡仪服务站、骨灰堂,由县级人民政府和设区的市、自治州人民政府的民政部门审批;建设公墓,经县级人民政府和设区的市、自治州人民政府的民政部门审核同意后,报省、自治区、直辖市人民政府民政部门审批;农村为村民设置公益性墓地,经乡级人民政府审核同意后,报县级人民政府民政部门审批。

这里要特别说明,《殡葬管理条例》第八条第二款规定:"利用外资建设殡葬设施,经省、自治区、直辖市人民政府民政部门审核同意后,报国务院民政部门审批。"这款规定是为加强对利用外资建设殡葬设施的严格管理,在第八条第一款基础上,对利用外资建设殡葬设施的审批权限作了特殊规定。

2010年7月4日,《国务院关于第五批取消和下放管理层级行政审批项目的决定》(国发〔2010〕21号),取消了包括利用外资建设殡葬设施等113项行政审批项目。因此,自2010年7月4日起,各地利用外资建设殡葬设施的审批权不再适用《殡葬管理条例》第八条第二款的特殊规定,而应当按照第八条第一款的一般性规定执行。

此外,《殡葬管理条例》第九条第一款规定:"任何单位和个人未经批准,不得擅自兴建殡葬设施。"可见,殡葬设施建设的审批权限有严格的规定。

三、殡葬设施建设相关政策文件

2013年,中共中央办公厅、国务院办公厅印发了《关于党员干部带头推动殡葬改革的意见》(中办发〔2013〕23号),并发出通知,要求各地区各部门结合实际认真贯彻执行。《关于党员干部带头推动殡葬改革的意见》中指出,要注重统筹规划,提高保障水平。各级党委和政府要立足实际,制定和完善殡葬事业发展规划,明确殡葬改革目标任务和方法步骤,并纳入当地国民经济和社会发展规划。根据人口、耕地、交通等情况,科学划分火葬区和土葬改革区,统筹确定殡葬基础设施数量、布局、规模和功能。加大投入,重点完善殡仪馆、骨灰堂、公益性公墓等基本殡葬公共服务设施,逐步形成布局合理、设施完善、功能齐全、服务便捷的基本殡葬公共服务网络,为推动殡葬改革创造有利条件。

2016年,国家发展改革委出台了《关于印发"十三五"社会服务兜底工程实施方案的通知》（发改社会〔2016〕2848号），明确支持在火葬区尚无设施的县（市、区）新建殡仪馆或公益性骨灰安放设施，对已达危房标准、设施设备陈旧的县（市、区）殡仪馆实施改扩建，对已达到强制报废年限或不符合国家环境保护标准的县（市、区）火化设备进行更新改造。

为全面深入贯彻党的十九大精神，推动殡葬改革和殡葬事业更好服务于保障和改善民生、促进精神文明和生态文明建设，民政部、中央文明办、发展改革委、公安部、财政部、人力资源社会保障部、国土资源部、环境保护部、文化部、卫生计生委、工商总局、林业局、宗教局、全国总工会、共青团中央、全国妇联16个部门联合制定了《关于进一步推动殡葬改革促进殡葬事业发展的指导意见》（民发〔2018〕5号）。该意见指出，建立健全殡葬公共服务体系，优化殡葬服务资源布局。各地要立足当地群众殡葬服务需求，着眼长远发展，加紧制定和完善本区域殡仪馆、火葬场、骨灰堂、公墓、殡仪服务站等殡葬设施的数量、布局规划。规划时要严守生态保护红线，重点完善设施空白地区规划，调整优化基础薄弱或服务饱和地区殡葬资源结构，确保殡葬设施种类、数量、服务规模与当地群众殡葬服务需求相匹配、与殡葬改革推行相适应，并严格依照规划审批殡葬设施，做好殡葬项目"邻避"问题防范与化解工作。特别是实行火葬的地区，必须把建设火化设施和骨灰安葬设施作为首要条件纳入工作规划，明确推进的时间表和路线图。同时，根据需要，及时更新改造现有火化设施设备，重点对已达危房标准、设施陈旧的县（市、区）殡仪馆实施改扩建，对已达到强制报废年限或不符合国家环境保护标准的火化设备进行更新改造。

四、殡葬设施建设与环境保护

随着殡葬事业的发展，殡葬相关设施对周边环境影响日益突出，国家在制定殡葬政策与法规时也十分重视。殡葬设施的政策与法规都有关于殡葬设施选址、布局规划应符合环境保护的内容。殡葬设施的环境问题主要体现在对土地资源的消耗和环境的污染上。针对这些问题，国家出台了一些规定以缓解殡葬设施建设对环境的影响。《殡葬管理条例》《公墓管理暂行办法》都规定了节约土地、不占耕地的原则，都对墓穴的占地面积和使用年限进行了规定。《殡仪馆建筑设计规范》《殡仪馆建设标准》《城市公益性公墓建设标准》三个行业标准对殡仪馆、公益性公墓的建设规划及占地面积进行具体规定，使殡葬设施建设更规范。同时，相关法规、政策与标准也要求殡葬设施要具备排水、通风、卫生保护等设备，防止污染物排放，减少环境污染。

五、殡葬设施建设的法律责任

《殡葬管理条例》规定，任何单位和个人未经批准，不得擅自兴建殡葬设施，并规定了法律责任。

未经批准，擅自兴建殡葬设施的，由民政部门会同建设、土地行政管理部门予以取缔，责令恢复原状，没收违法所得，可以并处违法所得1倍以上3倍以下的罚款。

墓穴占地面积超过省、自治区、直辖市人民政府规定的标准的，由民政部门责令限期改正，没收违法所得，可以并处违法所得1倍以上3倍以下的罚款。根据《民政部关于进一步加强公墓管理的意见》对墓穴面积规定是：埋葬骨灰的单人、双人合葬墓占地面积不得超过1平方米，埋葬遗体的单人墓占地面积不得超过4平方米，双人合葬墓不得超过6平方米；墓穴和骨灰存放格位的使用年限原则上以20年为一个周期。

将应当火化的遗体土葬，或者在公墓和农村的公益性墓地以外的其他地方埋葬遗体、建造坟墓的，由民政部门责令限期改正。这里承担法律责任的范围包括：在火葬区将应当火化的遗体进行土葬的；在火葬区的公墓和公益性墓地以外埋葬骨灰并修建坟墓的；在土葬改革区公墓和公益性墓地以外埋葬遗体并修建坟墓的。

殡葬设施是公共服务设施的重要组成部分，民政部与相关部门十分注重殡葬设施的规划与建设，为切实处理好殡葬设施与城市发展、生态保护之间的关系，满足人民殡葬的实际需求，提升人民幸福感做出不懈努力。

第二节 殡仪馆建设法规与政策

随着我国社会经济的持续平稳发展，殡仪馆的新建、改建和扩建等项目逐渐增多，民政部总结我国城市殡仪馆工程建设经验，并考虑今后殡仪馆工程建设发展需要，编制《殡仪馆建筑设计规范》和《殡仪馆建设标准》。这是目前指导殡仪馆建设的两个主要规范性文件。

1999年10月28日建设部和民政部颁布《殡仪馆建筑设计规范》，自2000年2月1日起施行。《殡仪馆建筑设计规范》是我国第一部殡仪馆建筑设计的行业标准，是强制性行业标准，对我国殡仪馆的建筑设计具有重大的指导意义。《殡仪馆建筑设计规范》制定了总则、术语、选址、点平面设计、建筑设计、防护、防火设计和建筑设备八个方面的技术要求与规定，同时给出了条文说明。该规范适用于我国城镇殡仪馆新建、改建和扩建工程的建筑设计。《殡仪馆建筑设计规范》的制定，填补了中国乃至国际上殡仪馆建筑设计标准领域的技术空白，解决了多年来中国殡仪馆建设中没有可参考的技术规范而随意改扩建的问题。

《殡仪馆建设标准》是根据住房和城乡建设部《关于下达2010年建设标准编制项目计划的通知》（建标〔2010〕180号）的要求，由民政部组织民政部一零一研究所等有关单位共同编制完成，共分总则、建设规模与项目构成、选址与规划布局、面积指标、建筑与建筑设备、专用设备六章共三十二条。该标准是合理确定殡仪馆建设规模的全国统一标准，是编制、评估和审批殡仪馆工程项目建议书、可行性研究报告、初步设计的重要依据，也是有关部门对项目建设进行监督检查的尺度。

一、殡仪馆建筑设计和建设的基本原则

（一）保护生态环境

我国人口基数大，随着殡葬行业的快速发展，产生的环境污染问题愈发受到重视。殡仪馆的设计与建设既要满足城市建设与发展的要求，又要减少对生态环境产生的不良影响，做好殡仪馆的建设对于生态环境的健康及可持续发展有着重大意义。因此，两个规范性文件规定殡仪馆建设应正确处理现状与发展、需要与可能的关系，执行国家环境保护、节约土地、节约能源等有关方面的规定，殡仪馆的选址应符合国家的土地使用原则和当地总体规划的要求，设有火化间的殡仪馆宜建在当地常年主导风向的下风侧，并应有利于排水和空气扩散。

（二）尊重当地习俗

我国的殡葬文化是对中国传统文化的继承和表达。在我国，不同的地域有着

不同的殡葬文化，殡仪馆作为一种特殊的公共建筑类型，除了在功能上必须满足人们的需求以外，同时也需要满足对人们心灵上的慰藉。殡仪馆的建筑设计应以当地丧葬习俗为前提，并保证有安静肃穆的活动空间。

（三）合理规划布局

殡仪馆根据功能分设业务区、殡仪区、火化区、骨灰寄存区、行政办公区和停车场。《殡仪馆建筑设计规范》和《殡仪馆建设标准》都在总平面布局上进行了规定，要求对各功能区进行合理的规划，做到联系方便、互不干扰；保持交通便捷，车辆和人员的分流有序；殡仪馆绿化率宜为30%～35%；有集中处理垃圾的场地；应设置室外公共活动场地和公共厕所。殡仪馆只有在总平面布局方面进行合理规划布局，使各功能区之间既保持相对独立，又从整体上保持一定的联系，才能形成一个有序的主体，为殡仪活动创造良好的条件。

（四）保障安全生产

殡仪馆是提供遗体处置、火化、悼念和骨灰寄存等部分或全部殡仪服务的场所，因此，如何防范火灾、保障安全与卫生是一件十分重要的工作。《殡仪馆建筑设计规范》和《殡仪馆建设标准》对殡仪馆的殡仪区、火化区、骨灰寄存区等功能区域的卫生、防护、防火、给排水、采暖、通风、空调、电气、照明的设计和建设都规定了具体的要求，全方位确保殡仪馆的综合品质，保证殡仪馆为群众提供安全服务。

二、殡仪馆的分类及专用设备、用品配置

《殡仪馆建设标准》规定，殡仪馆建设规模以年遗体处理量确定，并以此将殡仪馆建设规模分为五类：年遗体处理量10001～15000具的为Ⅰ类馆，火葬殡仪馆具均建筑面积为1.6～1.7平方米每具；年遗体处理量6001～10000具的为Ⅱ类馆，火葬殡仪馆具均建筑面积为1.7～1.8平方米每具；年遗体处理量4001～6000具的为Ⅲ类馆，火葬殡仪馆具均建筑面积为1.8～2.0平方米每具；年遗体处理量2001～4000具的为Ⅳ类馆，火葬殡仪馆具均建筑面积为2.0～2.2平方米每具；年遗体处理量小于等于2000具的为Ⅴ类馆，火葬殡仪馆具均建筑面积为2.2～2.5平方米每具。

同时《殡仪馆建设标准》指出，Ⅰ类馆年遗体处理量上限为15000具，因为殡仪馆规模过大，会造成殡葬人群过度集中，既不方便群众办理丧事，也不利于殡仪馆的管理；Ⅴ类馆年遗体处理量少于800具时，按800具规模建设，因为低于800具规模的殡仪馆很难正常运营，不符合实际情况。

殡仪馆应根据建设规模、业务需要合理配置专用设备。专用设备应选用专业厂家生产的技术成熟、通用性强和经过国家专业质检机构检验合格的产品，符合高效、节能、环保的要求，达到相应的国家、行业标准。火化机、殡仪车的数量按规定配置。偏远地区殡仪馆殡仪车的数量可适当增加，按需确定。根据实际业务需求，合理配置相应数量的遗物祭品焚烧炉、遗体冷冻冷藏设备、室内空气净化消毒专用设备、遗体防腐整容设备、遗体瞻仰棺、遗体清洗消毒设备、推尸车和悼念用影音设备等。

三、土葬殡仪馆建设相关规定

我国目前少数地区未实行火葬，保留土葬殡仪馆。《殡仪馆建设标准》对土葬殡仪馆的建设也作出了规定：土葬殡仪馆的项目包括业务区、遗体处理区、悼念区、祭扫区、集散广场区、后勤管理区等，参照同等规模火葬殡仪馆设置。祭扫区和集散广场区的房屋及其构筑物根据民族习俗及宗教信仰的需要设置，不设火化区、骨灰寄存区。

《殡仪馆建筑设计规范》和《殡仪馆建设标准》规定内容全面，符合我国国情，具有很强的可操作性和实用性，为全国新建、改建和扩建殡仪馆的设计和建设提供了依据，为我国殡葬改革发挥了巨大的作用。

第三节 公墓设施建设法规与政策

一、公墓概述

公墓是为城乡居民提供骨灰和遗体安葬服务的公共设施。公墓有公益性公墓和经营性公墓之分。

（一）公益性公墓

公益性公墓是指为辖区公众提供遗体安葬或骨灰安置服务且不以营利为目的的公共墓地，旨在满足城乡居民遗体安葬或骨灰安置（骨灰安放和骨灰安葬）的基本殡葬需求，以体现和谐社会条件下均等化公益事业"普惠"的特点。公益性公墓分为城市公益性公墓和农村公益性公墓两类。

1. 城市公益性公墓

城市公益性公墓作为城市公共服务设施，由区（县）级以上人民政府民政部门批准设立，依照国家有关规定办理事业单位或者民办非企业登记后开展有关业务。城市公益性公墓应以骨灰安放设施为主，实现骨灰处理多样化，只为具有本市户口的城镇居民提供骨灰安置业务。

2. 农村公益性公墓

农村公益性公墓的建立，由村民委员会提出申请，经乡（镇）人民政府审核同意后，报所在地的县（区）级人民政府民政部门审批。农村公益性公墓只供本地村民使用，多以村（或乡）为单位建立，由群众自我管理、自我服务。随着社会的发展和殡葬工作的深入，农村公益性公墓有了较大发展。发展农村公益性公墓既能较好地解决农村"死有所葬"的问题，促进农村的殡葬改革，又能净化社会风气，同时也易于为群众所接受。

（二）经营性公墓

经营性公墓是为城镇居民提供骨灰或遗体安葬，实行有偿服务的公共墓地，属于第三产业。经营性公墓是城市化发展的基本要求，是城镇必不可少的公共生活服务设施。经营性公墓建设项目应确保其科学合理，搞好经营性公墓可以对遗体和骨灰的安葬实行有效的管理，杜绝乱埋乱葬现象，也可以遏制殡葬及祭奠过程中不文明、不健康的活动，为城镇精神文明建设服务。

二、公墓建设相关法规、政策与标准

规范公墓建设是贯彻落实国家关于推行节地生态安葬的部署的重要步骤，民政部等相关部门先后修订出台了《公墓管理暂行办法》《殡葬管理条例》《关于推行节地生态安葬的指导意见》《关于进一步推动殡葬改革促进殡葬事业发展的指导意见》《城市公益性公墓建设标准》等文件，有效推进公益性公墓规划建设。

（一）国务院《殡葬管理条例》相关规定

《殡葬管理条例》第二章殡葬设施管理第九条至第十一条对公墓建设进行了规定。主要内容为：农村的公益性墓地不得对村民以外的其他人员提供墓穴用地。禁止建立或者恢复宗族墓地。

禁止建造坟墓的地区包括：耕地、林地，城市公园、风景名胜区和文物保护区，水库及河流堤坝附近和水源保护区，铁路、公路主干线两侧。前款规定区域内现有的坟墓，除受国家保护的具有历史、艺术、科学价值的墓地予以保留外，应当限期迁移或者深埋，不留坟头。

严格限制公墓墓穴占地面积和使用年限。按照规划允许土葬或者允许埋葬骨灰的，埋葬遗体或者埋葬骨灰的墓穴占地面积和使用年限，由省、自治区、直辖市人民政府按照节约土地、不占耕地的原则规定。

（二）民政部《公墓管理暂行办法》相关规定

为加强公墓管理，民政部于1992年8月颁布并实施《公墓管理暂行办法》。《公墓管理暂行办法》共四章二十四条。其中关于公墓建设的主要规定有以下几点。

《公墓管理暂行办法》

1. 公墓的选址

建立公墓应当选用荒山瘠地，不得占用耕地，不得建在风景名胜区和水库、湖泊、河流的堤坝以及铁路、公路两侧。

2. 公墓的主管部门

民政部是全国公墓的主管部门，负责制定公墓建设的政策法规和总体规划，进行宏观指导。县级以上各级民政部门是本行政区域内的公墓主管部门。负责贯彻执行国家公墓政策法规，对本行政区域内的公墓建设和发展进行具体指导。

3. 建立公墓的程序

建立公墓，需向公墓主管部门提出申请。申请时，应向公墓主管部门提交下列材料：建立公墓的申请报告；城乡建设、土地管理部门的审查意见；建立公墓的可行性报告；其他有关材料。建立公益性公墓，由村民委员会提出申请，报县级民政部门批准。建立经营性公墓，由建墓单位向县级民政部门提出申请，经同级人民政府审核同意，报省、自治区、直辖市民政厅（局）批准。与外国、港澳台人士合作、合资或利用外资建立经营性公墓，经同级人民政府和省、自治区、直辖市民政厅（局）审核同意，报民政部批准。经营性公墓，由建墓单位持批准文件，向当地工商行政管理部门领取营业执照，方可正式营业。

4. 公墓的管理

公墓墓区土地所有权依法归国家或集体所有，丧主不得自行转让或买卖。公墓单位应视墓区范围的大小设置公墓管理机构或聘用专职管理人员，负责墓地的建设、管理和维护。墓地应当保持整洁、肃穆。公墓墓志要小型多样，墓区要合理规划，因地制宜进行绿化美化，逐步实行园林化。未经批准，公益性公墓不得对外经营殡仪业务。经营性公墓的墓穴管理费一次性收取最长不得超过二十年。墓穴用地要节约。凡在经营性公墓内安葬骨灰或遗体的，丧主应按规定交纳墓穴租用费、建筑工料费、安葬费和护墓管理费。严禁在公墓内建家族、宗族、活人坟和搞封建迷信活动。严禁在土葬改革区经营火化区死亡人员的遗体安葬业务。

5. 法律责任

《公墓管理暂行办法》实施后，凡违反本办法有关规定，由公墓主管部门区别情况，予以处罚，或没收其非法所得，或处以罚款。

（三）六部门《关于特殊坟墓处理问题的通知》相关规定

1. 现有的革命烈士墓、知名人士墓和古墓葬的规定

凡是被列入国家级、省级、市（县）级重点烈士纪念建筑物保护单位和文物保护单位的，应就地做好原墓地的保护和管理工作。未被列入重点而散葬的烈士墓，经报请当地同级人民政府批准后，可将遗骨火化，将骨灰安放或安葬在当地的烈士陵园或公墓；未列入文物保护单位的知名人士墓迁入当地公墓；已普查登记的古墓葬应予保留并加以保护，平整坟墓过程中，如发现文物应立即报告当地文物行政管理部门，按照国家保护文物的有关法规妥善处理。

《关于特殊坟墓处理问题的通知》

2. 散葬的回民墓地的规定

原则上迁入当地的回民公墓。如没有回民公墓，当地民族工作部门要协调建立回民公墓，在回民公墓未建立前，按国务院《殡葬管理条例》第十条第二款规

定办理。

3. 现有的华侨和港澳台同胞墓地的规定

原则上迁入当地的公墓（包括华侨公墓）。对一些重要的知名爱国人士、台湾重要上层人士的坟墓以及重点侨务工作对象的祖墓，原则上予以保留，具体对象宜从严把握，必须由省侨办和主管港澳事务的部门（对华侨及港澳同胞）、省台办和统战部门（对台胞）提出名单，报省、自治区、直辖市人民政府批准。对被保留的坟墓，1985年2月8日国务院《关于殡葬管理的暂行规定》发布后建造和修复的，超出面积、扩大规模的部分要予以清理。

（四）民政部《城市公益性公墓建设标准》

《城市公益性公墓建设标准》是根据住房和城乡建设部《关于下达2010年建设标准编制项目计划的通知》（建标〔2010〕180号）的要求，由民政部组织民政部一零一研究所等有关单位共同编制完成。《城市公益性公墓建设标准》是为加强和规范城市公益性公墓建设，合理确定建设内容和建设规模，提高工程项目的决策和建设水平，充分发挥投资效益，满足城镇居民基本丧葬需求制定的。该建设标准是城市公益性公墓投资决策、项目建设的统一标准，是编制、评估和审批城市公益性公墓项目建议书、可行性研究报告和初步设计的重要依据，也是有关部门对项目建设进行监督检查的尺度。《城市公益性公墓建设标准》分总则、建设规模与项目构成、选址与规划布局、面积指标、建筑与有关设施五章共三十六条。

公墓是现阶段处置骨灰的主要方式，公墓设施的建设受到各地政府的重视，我国正加快公墓设施相关法规与政策制定进程，以适应殡葬事业的发展，推进殡葬改革，弘扬文明安葬方式。

> **案例分析**
>
> ### 案例一：殡仪馆选址风波
>
> **案情简介：**
>
> 某市殡仪馆原址在市区且面积太小，需另行选址重建。该市民政、国土、规划、建设等部门联合选址初步选定A村为殡仪馆新址。该村与城区距离适中，交通方便，村子又背靠一片荒山，适宜修建殡仪馆。A村为殡仪馆新址的公示通告发布后却引起了A村居民的强烈反对。有的村民担心环境污

染问题，有的村民提出殡仪馆建在家附近，从心理上难以接受。当地民政部门接到群众的反映后，表示理解附近群众的心情，并认真给予答复：该市殡仪馆的选址符合《殡葬管理条例》及相关法规、政策和标准，且新建的殡仪馆是现代新型的殡仪馆，改进了工艺，充分考虑到环境保护问题。

案例二：墓穴、墓碑等殡葬设施后续管理权的认定

案情简介：

高某夫妇有高飞（化名）、高伟（化名）、高琳（化名）三位子女。高某夫妇生前让高伟在某陵园为其认购公墓，高某夫妇去世后安葬于该陵园。一年后，高飞到该陵园填写《墓穴碑文修改、墓穴维修项目申请表》，委托陵园在其父母墓碑上加刻"重孙高英（化名）"字样并支付陵园相关费用。后高伟、高琳等其他家庭成员反对，陵园未在涉案墓碑上加刻"重孙高英"字样。高飞遂起诉至法院，要求陵园履行刻字义务，并赔偿误工费、交通费等费用。

法院经审理认为，殡葬设施应作为遗产由全体继承人共同管理，高飞要求在其父母墓碑上加刻名字，应与其他继承人协商一致。又因涉案墓穴系由高伟出面与陵园签订合同、约定购买事宜，故高飞与陵园针对涉案墓穴的后续管理事宜增设合同内容，应取得高伟的同意，而高飞、陵园未事先通知高伟，事后高伟、高琳也未追认加刻"重孙高英"字样的合同内容，故陵园不应履行，相关服务费用也应由陵园退还高飞。

思考与练习

1. 简述民政部门对殡葬设施的建设审批权。
2. 试述《殡葬管理条例》规定的殡葬设施建设的内容。
3. 简述殡仪馆建设规模的分类。
4. 试述公墓的种类。
5. 试述建立公墓需提交的材料及审批的程序。

第九章
殡葬设备、用品生产法规与政策

章前导读

法规、政策及标准的制定与实施，对规范、管理和监督殡葬设备、用品生产行业起到了至关重要的作用。本章主要介绍我国殡葬设备、用品生产相关法规、政策与标准。

学习目标

知识目标

① 了解殡葬设备、用品的概念。
② 熟悉殡葬设备、用品生产涉及的环境保护问题。
③ 了解殡葬设备、用品生产行业的基本要求。
④ 熟悉殡葬设备、用品相关标准。

能力目标

能够初步运用本章知识解决殡葬设备、用品生产中的实际问题。

素养目标

培养殡葬行业人员严格遵守殡葬设备、用品生产规定的职业操守，促进殡葬设备、用品行业的健康有序发展。

第一节 殡葬设备、用品概述

一、殡葬设备、用品的概念和范围

我国的殡葬设备、用品产业起步较晚,殡葬科技应用水平落后于国外。近年来,我国的殡葬设备、用品产业从仿制到自主开发,生产技术得到快速提高,部分产品接近国外技术水平,许多新技术、新材料、新工艺的广泛应用,推动了殡葬行业技术装备的重大变革。

殡葬设备是指开展殡葬服务活动所用的器械、装置。殡葬设备分为机械设备类、冷冻冷藏寄存设备类以及其他设备类。机械设备类包括火化机、焚烧祭祀设备、尾气排放设备、安葬设备等,冷冻冷藏寄存设备类包括骨灰寄存架、遗体冷冻柜、遗体冷藏棺、遗体消毒净化设备、遗体防腐整容设备等,其他设备类包括遗体接运车、电器电子、空气净化设备等。

殡葬用品是指殡葬仪式和殡葬活动过程中殡葬专用的产品,主要包括殡仪服务用品类、安葬服务用品类以及其他用品类。殡仪服务用品类包括寿衣、花圈、火化纸棺、遗体包装物、遗体消毒用品、防腐整容用品等,安葬服务用品类包括骨灰盒及其他骨灰容器、墓碑、防水盒、追思用品等,其他用品类包括花篮、鲜花等祭祀用品等。

二、殡葬设备、用品生产与环境保护

随着我国经济的快速发展,环境保护面临着巨大的压力,殡葬行业污染是造成我国环境污染的组成部分之一。由于我国绝大部分火化机没有安装净化装置,燃烧后的有害气体直接排放到大气中,对环境造成的危害不言而喻。近几年来的环境监测数据表明,全国大部分火化机的烟尘、氮氧化物、二氧化硫等污染物排放普遍超标,且无任何污染物减排的控制技术措施。殡葬行业污染排放监管已经成为我国实现污染物总量控制管理的薄弱环节。

(一)殡葬设备、用品在环境保护上存在的主要问题

1. 火化设备陈旧

我国现阶段四分之三以上的殡仪馆还在使用老式的火化机,不但焚烧过程中

存在很多的问题且多数没有配置烟气净化设备。有的殡仪馆即使配备了也是应付差事，来检查就开，不来就不开，甚至有些采购的设备根本就不能用，使得火化过程中产生的烟气直接排放到空气中，对周边居民的身体健康造成了严重的威胁。另外，目前没有监管机构规范设备采购的流程和制度，使得殡仪馆、公墓通过招投标采购到的设备没有保障，有的使用了几个月就出现了问题，因找不到生产厂家维修，导致设备成了摆设，甚至根本不能用。中国殡葬协会针对这个问题召开多次设备用品工作委员会办公会商讨，预备推出《设备用品准入制度》和《政府招标采购目录》等约束性文件，为殡仪馆、公墓提供采购安全保障，从设备源头上解决现有问题。

2. 未能对殡葬尾气排放及时监测

殡葬尾气排放实时在线监测是环保工作的数据来源、污染度量、环境决策与管理的依据，以及环境执法体系的组成部分，在我国环保工作中具有重要作用和地位。由于我国殡葬行业火化过程中的污染物排放未纳入环保有效管理之中，对殡葬行业污染排放尚缺乏全面、系统和准确的监测数据，这也为环境保护与民政管理部门制定、完善相关的标准和污染控制政策法规带来了极大的困难。

3. 焚烧祭祀殡葬用品也带来一定的污染

焚烧祭祀是我国殡葬文化的一部分，人们通过烧纸钱、遗物等向逝者寄托哀思，公墓内部环境脏乱差的情况主要来自这些。目前，焚烧遗物和十二生肖祭祀大多是土质建筑，纸灰裸露在外，很容易被风扬起，造成环境污染。每逢清明节等重要祭祀节日，城市、乡村等路口都会有市民焚烧纸钱，不但影响了城市风貌，也对祭祀者本身造成了直接的危害。

（二）殡葬设备、用品环境标准

为减少殡葬设备、用品的使用对环境造成的危害，我国从1984年起，就开始实施殡葬设备、用品的环境标准。目前，仍然实施的殡葬设备、用品的环境标准主要有以下几个。

《火葬场大气污染物排放标准》（GB 13801—2015）：该标准的全部技术内容为强制性，代替《燃油式火化机大气污染物排放限值》（GB 13801—2009）和《燃油式火化机污染物排放限值及监测方法》（GB 13801—1992），适用于燃油式火化机、燃气式火化机、其他新型燃料火化机及遗物祭品焚烧设备，规定了火葬场区域内遗体处理、遗物祭品焚烧过程中所产生的大气污染物排放限值、监测和监控要求，以及标准的实施与监督等相关规定。

《火化机烟气净化设备通用技术条件》（MZ/T 101—2017）：火化机烟气净化设备是采用物理反应和化学反应的方法对遗体火化过程中排放的有害气体及其他污染物予以净化处理的工艺系统设备。该标准适用于火化机烟气净化设备，主要规定了火化机烟气净化设备的系统工艺及构成、技术要求、检验和验收、标志、包装、运输和贮存。

殡葬行业的飞速发展产生了环境问题，实用型的科研创新设备和用品引起了社会的广泛关注，殡葬环境标准的实施，有效地减少殡葬行业对环境的影响，促进我国殡葬事业的可持续发展。

第二节 殡葬设备、用品法规与政策

我国没有对殡葬设备、用品专门进行立法规定，但无论是殡葬设备还是殡葬用品都属于产品，必须遵守《中华人民共和国产品质量法》。同时，《殡葬管理条例》也专设一章对殡葬设备和殡葬用品的管理进行了规定。

一、《中华人民共和国产品质量法》相关规定

《中华人民共和国产品质量法》（以下简称《产品质量法》）是为了加强对产品质量的监督管理，提高产品质量水平，明确产品质量责任，保护消费者的合法权益，维护社会经济秩序而制定。1993年2月22日第七届全国人民代表大会常务委员会第三十次会议通过，自1993年9月1日起施行，2018年12月29日第十三届全国人民代表大会常务委员会第七次会议第三次修正。

（一）产品质量规定

《产品质量法》第二十六条规定了生产者应当对其生产的产品质量负责，产品要符合三个条件：产品应具有安全性，不存在危及人身、财产安全的不合理的危险，有保障人体健康和人身、财产安全的国家标准、行业标准的，应当符合该标准；产品应当具备基本的使用性能，即产品能满足该类产品基本用途，但是对产品存在使用性能的瑕疵作出说明的除外；产品应符合在产品或者其包装上注明

采用的产品标准,符合以产品说明、实物样品等方式表明的质量状况。殡葬设备、用品应满足以上三个条件,才是合格的产品。

(二) 产品包装标识规定

《产品质量法》第二十七条和第二十八条规定,产品或者其包装上的标识必须真实,并符合下列要求:有产品质量检验合格证明;有中文标明的产品名称、生产厂厂名和厂址;根据产品的特点和使用要求,需要标明产品规格、等级、所含主要成分的名称和含量的,用中文相应予以标明;需要事先让消费者知晓的,应当在外包装上标明,或者预先向消费者提供有关资料;限期使用的产品,应当在显著位置清晰地标明生产日期和安全使用期或者失效日期;使用不当,容易造成产品本身损坏或者可能危及人身、财产安全的产品,应当有警示标志或者中文警示说明。易碎、易燃、易爆、有毒、有腐蚀性、有放射性等危险物品以及储运中不能倒置和其他有特殊要求的产品,其包装质量必须符合相应要求,依照国家有关规定作出警示标志或者中文警示说明,标明储运注意事项。

(三) 生产者禁止性义务

《产品质量法》第二十九条至第三十二条规定了生产者的禁止性义务:生产者不得生产国家明令淘汰的产品;生产者不得伪造产地,不得伪造或者冒用他人的厂名、厂址;生产者不得伪造或者冒用认证标志等质量标志;生产者生产产品,不得掺杂、掺假,不得以假充真、以次充好,不得以不合格产品冒充合格产品。

二、《殡葬管理条例》相关规定

《殡葬管理条例》第十六条和第十七条规定,火化机、运尸车、尸体冷藏柜等殡葬设备,必须符合国家规定的技术标准。禁止制造、销售不符合国家技术标准的殡葬设备。禁止制造、销售封建迷信的丧葬用品。禁止在实行火葬的地区出售棺材等土葬用品。

三、殡葬设备、用品生产行业的基本要求

企业应具有独立法人资格,取得企业法人营业执照。

企业的生产工艺、装备符合国家产业政策要求，不生产国家明令淘汰的产品，不使用国家明令淘汰的设备、材料和生产工艺。

应具备研发、设计、生产所需要的固定场所，且与研发设计能力、生产制造规模相适应。

财务状况良好，财务数据真实可信，并经在中华人民共和国境内登记的有资质的第三方审计机构，应能够出具近三年第三方财务审计报告（经营期不满三年的企业按实际经营期限提供相关材料）。

应具有良好的资信、公众形象和履约能力，依法纳税，近三年无违反国家法律法规受到行政处罚的行为，无重大质量、生产安全等事故，无恶意低价竞标行为，无不正当竞争行为。

符合国家市场监督管理总局相应法律法规的规定，殡葬设备、用品生产行业的产品应符合相关国家标准、行业标准、团体标准或经备案的企业标准。企业研发生产应遵守知识产权保护等相关法律法规要求。

应具备质量管理体系、环境管理体系、职业健康安全管理体系、服务体系。

生产场所具备符合国家安全生产法律法规和部门规章及标准要求的安全生产条件。

应建立环境保护和资源节约利用规章制度，制定节能减排措施。企业生产过程产生的废水、废液、废气、固体废物以及粉尘、噪声、辐射等处理与防护应符合国家规定的标准。

产品应在使用过程中对生态环境和使用者的健康均不造成危害、不得产生二次污染。

用工制度应符合《中华人民共和国劳动合同法》的规定，并按国家有关规定交纳各项社会保险费。

应制订各类人员的任职条件和培训计划，定期进行管理、技术、技能、法律等方面的培训。

殡葬设备、用品生产行业在从事特种作业、特种设备操作等特殊岗位及国家规定的技能职业的人员应具有相应技能职业资格证书，持证上岗。同时应建立合理的人力资源培训与考核制度，并能有效实施。

应建有完善的产品销售和售后服务体系，产品售后服务要严格执行国家有关规定。

应向用户提供完整的技术文件，包括使用、维护、保养说明书和执行标准等，

四、殡葬设备、用品生产的法律责任

《殡葬管理条例》第二十二条规定了违法制造和销售殡葬设备、用品的法律责任：制造、销售不符合国家技术标准的殡葬设备的，由民政部门会同工商行政管理部门责令停止制造、销售，可以并处制造、销售金额 1 倍以上 3 倍以下的罚款；制造、销售封建迷信殡葬用品的，由民政部门会同工商行政管理部门予以没收，可以并处制造、销售金额 1 倍以上 3 倍以下的罚款。

第三节　殡葬设备、用品相关标准

随着殡葬科学技术的进步及殡葬公共服务与管理的现代化，政府正逐步制定殡葬设备、用品生产领域的法规与政策，同时也不断地建立相应的殡葬设备、用品标准体系。目前主要的殡葬设备、用品标准有《中小型殡仪车通用技术条件》、《燃油式火化机通用技术条件》（GB/T 19054—2003）、《殡葬服务、设施、用品分类与代码》（GB/T 19632—2005）、《木质骨灰盒通用技术条件》（GB/T 23288—2009）、《国际运尸 木质棺柩》（GB/T 26342—2010）、《遗体冷冻柜通用技术条件》（MZ/T 137—2019）、《燃气式火化机通用技术条件》（MZ/T 142—2019）、《火化机生产制造基本规范》（MZ/T 147—2019）等，这些标准的出台使殡葬设备、用品的生产都有据可依，促进了殡葬设备、用品行业的发展。

一、殡葬设备相关标准

（一）火化设备相关标准

《燃油式火化机通用技术条件》（GB 19054—2003）：该标准是民政部为贯彻执行《产品质量法》和《殡葬管理条例》，在全国进行殡葬设备的技术监督及质量管理而制定的，适用于燃油式火化机，规定了燃油式火化机通用技术要求、检验规则、测试方法等。其中有关主燃室耗油量、安全要求、环保要求为强制性标准，其余为推荐性标准。

《燃气式火化机通用技术条件》（MZ/T 142—2019）：该标准适用于各类燃气式火化机，规定了燃气式火化机通用技术要求、安全要求、环保要求、检验规则、测试方法、包装、标识和验收文件。

《火化机生产制造基本规范》（MZ/T 147—2019）：该标准适用于火化机的生产制造，规定了火化机生产制造条件、生产制造要求、检验要求和检验方法。

（二）其他设备相关标准

《中小型殡仪车通用技术条件》：该标准是民政部为了确保殡仪专用改装汽车的产品质量，加强对殡仪专用改装汽车生产的指导而制定的，适用于采用三类底盘改装的各种中小型殡仪车。主要规定中小型殡仪车技术要求、试验方法、检验规则，以及标志、运输、储存。

《国际运尸 木质棺柩》（GB/T 26342—2010）：该标准适用于国际运尸木质棺柩的设计、生产、检测与验收，其他材质棺柩也可参照。主要规定国际运尸木质棺柩的分类、规格、技术要求、检验方法、包装、运输和储存。

《遗体冷冻柜通用技术条件》（MZ/T 137—2019）：该标准适用于遗体冷冻柜，规定了遗体冷冻柜的术语和定义、型式和基本参数、技术要求、试验方法、检验规则，以及标志、包装、运输、贮存等。

《火化棺通用技术条件》（GB/T 31182—2014）：该标准适用于火化棺的生产和使用，规定了火化棺的术语和定义、产品结构与分类、要求、试验方法、检验规则、标志、包装、运输和贮存等。

二、殡葬用品相关标准

《木质骨灰盒通用技术条件》（GB/T 23288—2009）：该标准是民政部为提高国内木质骨灰盒质量，促进技术进步，加强骨灰盒市场管理而制定的，适用于木质骨灰盒，规定了木质骨灰盒的术语、技术要求、试验方法、检验规则、包装、运输和贮存。

《火化随葬品使用要求》（MZ/T 105—2017）：该标准适用于随遗体一同火化的所有随葬品，主要规定了火化随葬品分类、使用原

现已发布的殡葬设备、用品技术行业标准

则、使用规定、储存。

这些标准的制定与使用改变了殡葬设备、用品无标生产的局面，促进了殡葬设备、用品生产的规范与统一，为殡葬设备、用品的行业管理、产品检定等提供技术标准，加快了殡葬设备、用品行业发展。

案例分析

案例一：某市殡葬管理所被罚十万元

案情简介：

2020年9月，某省环境监测中心委托环境检测技术服务公司对某市殡葬管理所经核定的废气排放口排放的废气进行取样检测。检测报告显示，殡葬管理所排放的废气中二噁英类（ng-TEQ/m³）检测结果超过《火葬场大气污染物排放标准》（GB 13801—2015）规定的排放限值。该市生态环境局于2021年3月向殡葬管理所送达了《行政处罚听证告知书》。2021年5月，生态环境局执法人员到殡葬管理所进行复查。复查时，殡葬管理所六台火化炉尾气处理装置正在进行改造。2021年9月，殡葬管理所向生态环境局提交了环境检测技术服务公司出具的检测报告，检测结果为六台火化炉尾气处理达到《火葬场大气污染物排放标准》规定排放限值。经生态环境局案审委员会集体审议认为：殡葬管理所积极改正环境违法行为，采取有效措施进行整改，整改效果较好，决定对殡葬管理所超过大气污染物排放标准排放大气污染物的环境违法行为处以罚款十万元人民币的行政处罚。

案例二：联合查处制造、销售封建迷信殡葬用品

案情简介：

2022年2月，根据群众举报，某县民政局和市场监管局组成联合执法组，对该县两处非法制造、销售封建迷信用品的场所依法开展查处。经查实，两处场所在无证照情况下，违法生产并销售封建迷信殡葬用品，扰乱了殡葬用品市场秩序。联合执法组依法对两处场所下达了《停止生产销售告知书》，责令停止违法制造、销售行为，并没收了冥纸、金砖等封建迷信殡葬用品。

第九章
案情分析

思考与练习

1. 什么是殡葬设备、用品？
2. 简述殡葬设备、用品在环境保护中存在的主要问题。
3. 《产品质量法》规定的产品生产应符合哪些条件？
4. 殡葬设备、用品生产的法律责任有哪些？
5. 火化设备的相关标准有哪些？

参考文献

[1] 杨宝祥,章林.殡葬学概论[M].北京:中国社会出版社,2011.

[2] 杨根来.殡葬管理[M].北京:中国社会出版社,2009.

[3] 李伯森.中国殡葬事业发展报告(2016—2017)[M].北京:社会科学文献出版社,2017.

[4] 钟俊,刘琳.殡仪服务实务[M].北京:化学工业出版社,2022.

[5] 章林,杨宝祥.殡葬法治建设概论[M].北京:中国社会出版社,2013.

[6] 王艳梅,谢谦.论尸体的所有权及其行使[J].武汉理工大学学报(社会科学版),2013,26(5):795-801.

[7] 杨立新,曹艳春.论尸体的法律属性及其处置规则[J].法学家,2005(4):76-83.

[8] 瞿灵敏.司法裁判视野中的祭奠权:性质、行使与法律保护[J].求是学刊,2016,43(3):82-90.

[9] 李然深.死者人格利益的民法保护[J].山东审判,2004(4):46-49.

[10] 国家法官学院,中国人民大学法学院.中国审判案例要览:2014年民事审判案例卷[M].北京:中国人民大学出版社,2016.

[11] 李健,陈茂福.殡葬法律基础[M].北京:中国社会出版社,2008.